BEI GRIN MACHT SICH IHR WISSEN BEZAHLT

- Wir veröffentlichen Ihre Hausarbeit, Bachelor- und Masterarbeit

- Ihr eigenes eBook und Buch - weltweit in allen wichtigen Shops

- Verdienen Sie an jedem Verkauf

Jetzt bei www.GRIN.com hochladen und kostenlos publizieren

Anonym

Beziehungsarbeit als Grundlage einer erfolgreichen Heimerziehung

Unter Berücksichtigung der den Hilfeprozess beeinträchtigenden Störfaktoren

GRIN Verlag

Bibliografische Information der Deutschen Nationalbibliothek:

Die Deutsche Bibliothek verzeichnet diese Publikation in der Deutschen Nationalbibliografie; detaillierte bibliografische Daten sind im Internet über http://dnb.d-nb.de/ abrufbar.

Dieses Werk sowie alle darin enthaltenen einzelnen Beiträge und Abbildungen sind urheberrechtlich geschützt. Jede Verwertung, die nicht ausdrücklich vom Urheberrechtsschutz zugelassen ist, bedarf der vorherigen Zustimmung des Verlages. Das gilt insbesondere für Vervielfältigungen, Bearbeitungen, Übersetzungen, Mikroverfilmungen, Auswertungen durch Datenbanken und für die Einspeicherung und Verarbeitung in elektronische Systeme. Alle Rechte, auch die des auszugsweisen Nachdrucks, der fotomechanischen Wiedergabe (einschließlich Mikrokopie) sowie der Auswertung durch Datenbanken oder ähnliche Einrichtungen, vorbehalten.

Impressum:

Copyright © 2007 GRIN Verlag GmbH
Druck und Bindung: Books on Demand GmbH, Norderstedt Germany
ISBN: 978-3-638-87290-4

Dieses Buch bei GRIN:

http://www.grin.com/de/e-book/83715/beziehungsarbeit-als-grundlage-einer-erfolgreichen-heimerziehung

GRIN - Your knowledge has value

Der GRIN Verlag publiziert seit 1998 wissenschaftliche Arbeiten von Studenten, Hochschullehrern und anderen Akademikern als eBook und gedrucktes Buch. Die Verlagswebsite www.grin.com ist die ideale Plattform zur Veröffentlichung von Hausarbeiten, Abschlussarbeiten, wissenschaftlichen Aufsätzen, Dissertationen und Fachbüchern.

Besuchen Sie uns im Internet:

http://www.grin.com/

http://www.facebook.com/grincom

http://www.twitter.com/grin_com

Diplomarbeit als Teil des Diplomstudiengangs
zur Diplom-Sozialpädagogin

Beziehungsarbeit als Grundlage einer erfolgreichen Heimerziehung unter Berücksichtigung der den Hilfeprozess beeinträchtigenden Störfaktoren

Inhaltsverzeichnis

Inhaltsverzeichnis II

Tabellen- und Abbildungsverzeichnis V

1. Einleitung 1

I. Literaturauswahl 4

2. Das Verständnis von Beziehungen 4
   2.1 Elternbotschaften von Beziehungen 4
   2.2 Entwicklung von Bindungen 6
   2.3 Die Gesellschaft in der Beziehungskrise 7
   2.4 Bindungsstörungen 8

3. Die Heimerziehung 10
   3.1 Strukturen des Heims 11
   3.2 Klientel im Heim 11
   3.3 Die Aufgaben der Sozialpädagogen im Heim 13
   3.4 Nähe – Distanz- Verhältnis 16
       3.4.1 Erwartungen an den Sozialpädagogen von Seiten der Eltern 16
       3.4.2 Erwartungen an den Sozialpädagogen von Seiten der Klientel ... 17

4. Ziele und Aufgaben der Heimerziehung im Kontext des KJHG 18
   4.1 Ergänzende Ziele und Aufgaben der Heimerziehung 20
   4.2 Zielformulierung 20

5. Beziehungsaufbau in der Heimerziehung 22
   5.1 Die Bedeutung eines guten Beziehungsaufbaus in der Heimerziehung 24
   5.2 Der Beziehungsaufbau im Praxisbezug 26

6.	Qualität als wichtiger Bestandteil der Heimerziehung	29
6.1	Qualität in der sozialen Arbeit	29
6.2	Gründe für die Qualitätsentwicklung in der Heimerziehung	31
6.3	Die drei Eckpunkte nach dem Kinder- und Jugendbericht	34
6.4	Personalwesen und interne Vernetzung	34
6.4.1	Partizipation von Kindern und Jugendlichen in der Heimerziehung	36
6.4.2	Qualität als Erfolgsmaßstab	37
7.	Störfaktoren, die eine erfolgreiche Heimerziehung beeinträchtigen können	39
7.1	Befristete Arbeitverträge	39
7.1.1	Gründe für befristete Arbeitsverträge	40
7.1.2	Folgen von befristeten Arbeitsverträgen	40
7.2	Arbeitszeitregelungen nach dem Gesetz	41
7.2.1	Heimspezifische Schlussfolgerungen	42
7.2.2	Gründe für flexible Arbeitszeitregelungen	43
7.2.3	Praxisbezug	44
7.2.4	Folgen für die Mitarbeiter/innen und daraus entstehende Schlussfolgerungen	45
7.3	Personalwechsel innerhalb (voll)stationärer Einrichtungen	47
7.3.1	Folgen des Personalwechsels für die Klientel	47
7.3.2	Folgen des Personalwechsels für die Mitarbeiter/innen	48
7.4	Motiv und Motivation	50
7.5	Erfolg im Blickwinkel der sozialen Arbeit	51
7.6	Körperliche Beschwerden der Mitarbeiter/innen	54
7.7	Absentismus und Personalfluktuation als generelle Folge	55

II. Empirischer Teil ... 58

8. Quantitative Befragung ... 58
   8.1 Anlass, Ziele und Hypothesen der Befragung ... 58
      8.1.1 Empirische Untersuchungsmethodik und Umfang der Befragung ... 59
      8.1.2 Aufbau der Untersuchung ... 60
      8.1.3 Problematik während der Untersuchung ... 61
      8.1.4 Fragestellungen und Skalierung des Fragebogen ... 62
   8.2. Ausführung und Auswertung ... 65
      8.2.1 Erhebungsvorgehen ... 65
      8.2.2 Auswertungsmethode ... 66
   8.3 Darstellung und Interpretation ... 66

9. Lösungsansätze ... 83

10. Schlusswort und Reflexion ... 86

Anhang ... 88

   Fragebogen ... 88
   Auswertung des Fragebogens ... 93

Literaturverzeichnis ... 99

Tabellen- und Abbildungsverzeichnis

Tabellen:

Tabelle1: Überblick über tariflich angestellte oder befristet angestellte Mitarbeiter
Tabelle 2: Die Reaktion der Mitarbeiter auf den ständigen Personalwechsel
Tabelle 3: Verhaltensänderung der Kinder durch den ständigen Personalwechsel
Tabelle 4: Einfluss des Personalwechsels auf das Beziehungsverhalten der Klientel
Tabelle 5: Leistungsmotivierende Faktoren

Abbildungen:

Abbildung 1: Haupterklärungsvariablen
Abbildung 2: Ein Wunsch zu wechseln oder eine Handlung nach Anweisung?
Abbildung 3: Anzahl der Personalwechsel
Abbildung 4: Zeitraum der Eingewöhnung
Abbildung 5: Reaktion der Mitarbeiter auf den ständigen Personalwechsel
Abbildung 6: Verhaltensäußerung bei den Kindern
Abbildung 7: Folgen für die Beziehungsarbeit
Abbildung 8: Leistungsmotivierende Faktoren

1. Einleitung

„Das Handeln orientiert sich nicht am Jetzt, sondern an seiner Wirkung in Zukunft" (Lindenmeyer, H. 2003, S. 10). Dieses Zitat spiegelt die Realität wieder, in der wir uns befinden, nur oft verschließen die Menschen die Augen vor der Wirkung. Gerade die Bindungs- und Beziehungserfahrungen, die Kinder in ihrem Elternhaus erhalten sind ein gutes Beispiel für das Zitat von Lindenmeyer, denn die gesammelten Erfahrungen prägen die Kinder für ihr späteres Leben. Beziehungen sind für jedes Individuum sehr wichtig, da mit ihnen unterschiedlichste Erfahrungen gesammelt und erlernt werden können, um sich in die Gesellschaft zu integrieren. Schon in der frühsten Kindheit wird über die Zukunft der Kinder entschieden. Die Qualität der frühen Bindungsbeziehungen entscheidet über die spätere Beziehungsfähigkeit bis in das Erwachsenenalter hinein. Die wichtigsten Erfahrungen sind die der zwischenmenschlichen Beziehungen zum Umfeld sowie die Bindungserfahrungen, die erlebt werden. Hieraus entwickelt sich ein eigenes Verständnis. Die Heranwachsenden lernen am Vorgelebten der Eltern. Es ist das Modelllernen, dass die Grundlage für das spätere Zurechtkommen in der Gesellschaft bildet. Voraussetzung dafür ist die Fähigkeit, Beziehungen einzugehen und offen auf andere zugehen zu können. Dazu ist es wichtig zu verstehen, was Beziehungen überhaupt sind. Jedoch ist zu bedenken, dass nicht alle Kinder in einem behüteten Elternhaus aufwachsen, welches positive Bindungserfahrungen gewährleistet. Die Folgen einer gescheiterten Bindung und die Auswirkungen auf einen Beziehungsaufbau zu seinen Mitmenschen sollen im Anschluss geklärt werden.

Nach Artikel 6 (2) des Grundgesetzes heißt es: „ Die Pflege und Erziehung der Kinder sind das natürliche Recht der Eltern und die zuvörderst ihnen obliegende Pflicht" (Stascheit, U. 2005, S.4). Über diese Erfüllung der Pflicht wacht die staatliche Gemeinschaft. (vgl. Stascheit, U. 2005, S.4).

Wenn diese Erziehung und Versorgung aus verschiedenen Gründen scheitert, hat der Staat das Recht einzugreifen. Hierbei wird versucht den Eltern eine Unterstützung zukommen zu lassen, indem verschiedene Hilfsangebote unterbreitet werden. Eine Institution, in der Hilfen erbracht werden können, ist die Heimunterbringung. Diese Hilfsform wird im Folgenden näher beschrieben. Um ein klares Verständnis zum Begriff der Heimerziehung zu erhalten, wird näher auf die Klientel im Heim, die Aufgaben der Sozialpädagogen im Heim und die Erwartungen aller Beteiligten eingegangen. Dabei ist die Erreichung der Aufgaben und Ziele der Heimerziehung sehr wichtig und wird aus diesem Grund erklärt. Um diese Aufgaben und

Ziele jedoch zu erreichen und somit einen Erfolg herbeizuführen, muss an der Grundlage jeglichen Handelns gearbeitet werden. Dabei ist der Beziehungsaufbau zum Klienten (Kinder und Jugendliche, die Hilfen erhalten) gemeint. „ Schließlich hängt der Erfolg einer solchen Erziehungshilfemaßnahme entscheidend von der Qualität der pädagogischen Beziehung ab […]" (Schleiffer, 2007, S.7). Nur durch die Schaffung einer gemeinsamen Arbeitsgrundlage, auf der das professionelle Handeln basiert, können die Ziele der Heimerziehung erfolgreich erarbeitet und erreicht werden. Der Beziehungsaspekt spielt dabei die wichtigste Rolle, da ohne einen Beziehungsaufbau, der sich auf das gegenseitige Vertrauen zwischen der sozialpädagogischen Fachkraft und dem Klienten stützt, kein gemeinsames Arbeiten möglich ist. Die Heimerziehung ist zudem als vielschichtig zu betrachten. Dabei findet nicht nur eine intentionale Beziehung zwischen dem Pädagogen und dem Klienten statt, sondern auch die gesetzlichen und behördlichen Aufträge, die zu erfüllen sind. Das Personal der Heimerziehung handelt dementsprechend nicht nur im Auftrag der Klienten, sondern hat auch eine Verantwortung gegenüber dem Gesetz und der Behörde. Aus diesem Grund sollten alle Maßnahmen, die eine positive Veränderung beim Klienten herbeiführen sollen, mit den Auftraggebern besprochen werden. Hierzu ist eine gute Kooperation untereinander wichtig. Dabei wird auch immer wieder ein Augenmerk auf die Qualität innerhalb der Einrichtungen gelegt. Da der Aspekt der Heimerziehung eine Hilfsform ist, die immer mehr an Bedeutung gewinnt und oft als Maßnahme, Hilfe zu gewähren, gewählt wird, ist eine regelmäßige Kontrolle und Reflexion durchzuführen. Das heißt, es muss in allen Einrichtungen geschaut werden, inwieweit die Aufgaben und Ziele erreicht werden können und an welchen Stellen es Probleme gibt. Daraus kann man Schlussfolgerungen ziehen und Verbesserungsmöglichkeiten in Betracht ziehen. Heutzutage wird dieser Weg noch zu selten eingeschlagen. Die Probleme werden meist erst erkannt, wenn es zu spät ist. Im Mittelpunkt steht das Wohl der Kinder und der Jugendlichen, die sich im Heim befinden. Um entscheiden zu können, welche Ziele und Aufgaben dafür erfüllt werden müssen, ist das pädagogische Fachpersonal die wichtigste Ressource im Hilfeprozess. Da die Kinder und Jugendlichen die meiste Zeit während der Hilfsmaßnahmen mit den Fachkräften verbringen, ist beim Fachpersonal anzusetzen. Sie sollten als Ansprechpartner gesehen werden. Deshalb ist ein gutes Verhältnis bzw. Beziehungsaufbau zwischen Fachkraft und Klienten ausschlaggebend. Es gibt jedoch Faktoren, welche einen erfolgreichen Hilfeprozess, der auf der Basis eines Beziehungsaufbaus beruht, negativ beeinträchtigen kann. Der Hilfeprozess ist meist von langer Dauer. Infolgedessen hat die Einrichtung für eine kontinuierliche Bereitstellung eines beständigen Fachpersonals zu sorgen. In Zeiten von Kosteneinsparungen kann dies jedoch nicht abgesichert werden. So tragen Arbeitszeitregelungen, Personalwechsel und befristete Arbeitsverträge zu einer Beeinträchtigung des Hilfeprozesses bei. Wie sich diese Störfaktoren auf das Personal und folglich die Klientel im Heim auswirken, ist unter anderem Thema der folgenden Seiten. Dabei wird nicht nur auf die Beziehungsarbeit geschaut, sondern auch die Motivation und Arbeitszufriedenheit der Mitarbeiter, denn hier muss unter anderem angesetzt werden. Der genaueren Betrachtung der aktuellen Probleme dient eine quantitative Befragung von 30 Mitarbeitern aus der (voll)stationären Erziehungshilfe. Ziel dieser Befragung ist es, aufzuzeigen, welchen Einfluss ein ständiger Personalwechsel auf die Beziehungsarbeit, welche Grundlage für die Zielerreichung und Aufgabenerfüllung der Heimerziehung ist, hat. Des Weiteren soll hier Das Verhältnis zwischen einem Kontakterzieher und seinem Kontaktkind erfasst werden und zum Abschluss rücken die Leistungsmotivation und Verbesserungsvorschläge der gegebenen Situation in den Mittelpunkt. Die Befragten sollen reflektieren und zum Nachdenken über die derzeitige Situation im Heim angeregt werden. Als Abschluss dieser Arbeit werden einige Lösungsansätze aufgezeigt, die eine Besserung der derzeitigen Situation aufzeigen sollen.

I. Literaturauswahl

2. Das Verständnis von Beziehungen

Da der Mensch sehr viel Zeit seines Lebens in Gesellschaft anderer lebt, ist kaum zu vermeiden, dass er dabei eine sehr große Anzahl von Beziehungen unterschiedlicher Dauer und Intensität eingeht.

„Für fast jeden von uns bilden Beziehungen zu anderen Menschen den wichtigsten Teil unseres Lebens" (Auhagen & Salisch, 1993, S.7). So wird die frühkindliche Entwicklung wesentlich durch eine gute Beziehung zu einer Bezugsperson bestimmt. Hiernach prägen die Beziehungen zu Familienmitgliedern, Altersgenossen und Lehrern die Entwicklung der Persönlichkeit. (vgl. Auhagen & Salisch, 1993, S.7) Die humanistische Psychologie betont, dass die Persönlichkeitsentwicklung und das Entstehen von Wertgefühlen nicht zuletzt durch die Begegnung mit anderen geschehen. Allgemein formuliert ist Beziehung deshalb eine Verbindung, ein Verhältnis zwischen zwei Subjekten, die sich in unterschiedlichen Kommunikationsformen äußern können. Vor allem die zwischenmenschlichen Beziehungen spielen hier eine wesentliche Rolle, da sie konstitutiv für das Leben des Menschen als soziales Wesen ausschlaggebend und prägend sind. Rogers ist der Meinung, dass die Bedingungen für eine gelingende Beziehung in der Echtheit, im einfühlenden Verstehen und in der emotionalen Wertschätzung liegen. Beziehung meint also, man bezieht sich hierbei aufeinander. (vgl. Frielingsdorf, 1999, S. 25) Grundlage dafür, dass ein Mensch beziehungsfähig ist und wie er mit anderen in Beziehung steht, ist meist das Bindungsverhältnis und die Erziehung in der Kindheit. So entwickeln Säuglinge nach der Geburt den Drang danach, beschützt und versorgt zu werden. „Ein funktionierendes Netz persönlicher Beziehungen bietet einen grundlegenden Schutz gegen Gefährdungen der psychischen und physischen Gesundheit" (Auhagen & Salisch, 1993, S.7).

2.1 Elternbotschaften von Beziehungen

„Der Mensch lebt von der Zeugung an in Beziehungen und ist vor allem in den ersten Lebensjahren auf die Beziehung zu den primären Bezugspersonen angewiesen" (Frielingsdorf, 1999, S. 59). Er benötigt somit viele Jahre diese Bezugspersonen (erfahrungsgemäß die Eltern), bis er selbstständig leben und neue Beziehungen partnerschaftlich gestalten kann. Dabei spielt die Familie als wichtigste Sozialisationsinstanz eine große Rolle. Die Familie hat die Chance wie keine andere Institution, die Persönlichkeit des heranwachsenden Menschen zu formen. Die hier geprägten Persönlichkeitsmerkmale sind in Zukunft nur noch schwer veränderbar.

Nach Goldstein, Freud und Solnit ist die Familie diejenige Umwelt, die am besten die körperlichen und seelischen Bedürfnisse des Kindes auf Dauer befriedigen kann. Kinder haben Bedürfnisse nach Ernährung, Versorgung, Gesundheit, nach Schutz und nach Wissen. Gleichermaßen benötigen sie stabile Bindungen, Liebe, Akzeptanz und Zuwendung. Diese zentralen Bedürfnisse kann die Familie in den ersten Jahren am besten befriedigen. (vgl. Kern, 2006, Vorlesungsskript o. S.) Hierbei stellen die Eltern einen wichtigen Faktor dar, denn zwischen den Eltern und dem Kind entwickeln sich die ersten Bindungen. Vor allem in den ersten Lebensjahren soll durch das bindungsfördernde Elternverhalten eine positive emotionale Beziehungsgrundlage für die weitere kindliche Entwicklung geschaffen werden. Dabei ist auf einige Faktoren Rücksicht zu nehmen. Eine Fülle verschiedenster Einflüsse kann sich auf die Qualität des elterlichen Interaktion-Verhaltens auswirken. Hierbei ist die Rede von kindlichen Temperamentsmerkmalen, Armut wegen Arbeitslosigkeit und anderen Störfaktoren. Diese haben eine belastende Wirkung auf die Elternpersönlichkeit, die sich meist auf die Kinder auswirken. Selbst frühe Eltern - Kind - Beziehungen, die auf eine sichere Bindung hinweisen, sind kein Garant dafür, dass diese sichere Bindungsorientierung ein Leben lang anhält. (vgl. Oerter & Montada, 2002, S.119) Eltern übernehmen jedoch nicht nur die Rolle als Interaktionspartner, sondern sie sind auch gleichermaßen Erzieher. Hierbei wirken sie eindringlich auf ihre Kinder ein. Sie versuchen ihr Kind auf das wahre Leben vorzubereiten und sind ihnen dabei behilflich. Sie wollen ihre Kinder meist zu eigenständigen Personen erziehen. Ob dies gelingt, hängt vom Erziehungsstil der Eltern ab.

Nach Maccoby und Martin gibt es vier Erziehungsstile, die sich unterschiedlich auf die Kinder auswirken können. Zum einen gibt es den autoritären Erziehungsstil, bei dem die Eltern zurückweisend sind und starke Macht auf ihr Kind ausüben. Der vernachlässigende Erziehungsstil gibt dem Kind wenig Orientierung und der permissive Erziehungsstil gibt dem Kind ein Gefühl von Akzeptanz und fordert wenig. Der vierte Erziehungsstil ist autoritativ, und zeigt klare Strukturen auf, um ein Gefühl von Akzeptanz zu vermitteln. (vgl. Maccoby & Martin (1983) in Oerter, & Montada, 2002, S.119) Diese unterschiedlichen Erziehungsstile wirken sich demzufolge auf die Kinder aus und prägen sie. So konnten Schneewind und Ruppert nachweisen, dass die Erziehungsstile, die junge Erwachsene in ihrem Elternhaus erfahren haben, Einfluss auf ihre eigenen Erziehungspraktiken haben. (vgl. Schneewind und Ruppert in Oerter & Montada, 2002, S.124)

2.2 Entwicklung von Bindungen

In der Gesellschaft ist allgemein bekannt, dass Eltern für die Pflege, Versorgung, Betreuung und Erziehung ihrer Kinder verantwortlich sind. Dies umfasst zumindest den Zeitraum, indem Kinder nicht selbstständig für sich sorgen können. (vgl. Oerter & Montada, 2002, S.117) Hierbei ist der normale Entwicklungsprozess eines Kindes gemeint, da es Kinder gibt, die ein Leben lang versorgungs- und gefühlsmäßig Kinder ihrer Eltern bleiben. Wie schon erwähnt, sind die Eltern in erster Linie für ihre Kinder Interaktionspartner. Durch die Art und Weise, wie Eltern auf ihre Kinder eingehen und mit ihnen umgehen, können sie schon früh Einfluss auf die Qualität kindlicher Bindungserfahrungen nehmen, in denen wechselseitige Beziehungsmuster zwischen den Eltern und dem Kind erkennbar werden. Eine Reihe von Eigenschaften des elterlichen Interaktionsverhaltens kann die erfolgreiche Etablierung einer sicheren Bindung des Kindes an seine Bezugsperson (meist die Eltern) bewirken. Nach De Wolff und van Ijzendoorn gehören dazu: Sensitivität für kindliche Signale, positive Haltung gegenüber dem Kind, Synchronisation im Sinne einer sanften Abstimmung wechselseitiger Interaktionen mit dem Kind, Unterstützung und Stimulation durch häufige Interaktionsaufnahme mit dem Kind. Diese Eigenschaften können in der Entwicklung des Kindes zu affektiven Bindungen zwischen den Eltern und dem Kind führen. Mit hoher Wahrscheinlichkeit führen sie dazu, dass die Kinder als sicher gebunden eingeschätzt werden können. (vgl. De Wolff & Ijzendoorn in Oerter & Montada, 2002, S.117)

Dieses so genannte affektive Band soll dem Säugling Schutz vor lebensbedrohlichen Beeinträchtigungen bieten, denn in diesem Alter ist er nicht fähig selbst zu handeln und kann dementsprechend die Beeinträchtigungen nicht allein bewältigen. Des Weiteren soll das Band dazu dienen, den Säugling und später das Kleinkind auf die Welt neugierig zu machen und es dazu befähigen, die Welt zu erkunden und Erfahrungen zu sammeln. Somit besteht einerseits das Bedürfnis nach Bezogenheit auf die Eltern und zum anderen das Bedürfnis nach Autonomie. (vgl. Oerter & Montada, 2002, S.117f.)
Nach Bowlby entwickelt das Kind ein Bindungsverhaltenssystem, welches aus der Evolution stammt und das Überleben einer Spezies sichert. Danach bildet jedes Kind im Laufe des 1. Lebensjahres eine personenspezifische Bindung aus. Bowlby meint, dass eine Bindung ein psychologisches Konstrukt ist, das Emotionen, Motivationen und Verhalten des Kindes je

nach den Erfordernissen der Situation strukturiert. Somit wird in sicheren Situationen kein Bindungsverhalten aktiviert. In unvertrauten Situationen bzw. Unwohlsein des Kindes wird die Bindung jedoch aktiviert. Hierbei sucht das Kind die Bindungsperson, die es jetzt beschützen soll. Bindungen werden aus der Gesamtheit von Verhaltensweisen in einer Situation erschlossen, die dazu dienen, die Nähe zur Bindungsperson herzustellen und ihren Schutz zu erhalten. Diese Bindung vollzieht sich in vier Phasen, die hier nur kurz erwähnt werden. Die erste Phase wird als so genannte Vorphase bezeichnet, in der das Kind noch nicht an spezifische Personen gebunden ist. Hierbei unterscheidet es nicht zwischen den Personen, sondern reagiert auf Signale. Die darauf folgende Phase beinhaltet die Differenzierung zwischen Personen und die dementsprechende Reaktion auf die verschiedenen Personen. Die eigentliche Bindung erfolgt aber erst in der dritten Phase, in der das Kind seine motorischen und kognitiven Fähigkeiten besonders entwickelt. Das Kind ist bereit, Personen zu unterscheiden und sie dementsprechend zu vermissen. Die vierte Phase erreicht das Kind erst im dritten Lebensjahr. Es ist die Phase der zielkorrigierten Partnerschaft. Wichtig für Kinder, die Bindungen aufbauen, ist es, eine kontinuierliche Bindung zu bestimmten Personen zu haben. Daher ist es unerlässlich, dass sie Liebe, Akzeptanz und Zuwendung erhalten. Stabile Bindungen sind hier vordergründig zu betrachten. Die Bedürfnisse der Kinder sollten dabei im Mittelpunkt stehen und somit in diese einbezogen werden. Durch Geborgenheit, beständiges Interesse auf Seiten der Eltern, Schaffung von Urvertrauen und anderen Bedingungen werden stabile Bindungen manifestiert und dies ermöglicht es den Kindern, diese stabilen Bindungen eventuell auf Dauer zu erhalten und weiterzugeben. (vgl. Oerter, & Montada, 2002, S. 197) Gegenwärtig ist dieser Bindungsaufbau jedoch stark gefährdet, da sich eine neue Form von gesellschaftlichem Denken ohne Struktur und Disziplin entwickelt.

2.3 Die Gesellschaft in der Beziehungskrise

Bis zu Beginn des 20. Jahrhunderts war das Beziehungsgefüge in den Familien und Sozialstrukturen relativ überschaubar und zuverlässig. Jedoch vollzog sich im Laufe der letzten Jahre eine Art Auflösung dieser Strukturen.
Viele der Werte, die unsere Gesellschaft zusammengehalten haben, bedeuten jungen Eltern nur noch wenig oder nichts mehr. Die Folgen dieses Werteverlustes können in der Öffentlichkeit, im Kindergarten und in der Schule betrachtet werden. (vgl. Post, 2002,S.77)
So befindet sich die heutige Gesellschaft in einer Art Beziehungskrise, in der sich viele fragen: „Zu wem gehöre ich? An wen kann ich mich wenden? Auf wen kann ich mich verlassen?" Hinzu kommt, dass die Antworten auf diese Grundfragen des Vertrauens, der

Beziehung- und Bindungsfähigkeit oft ausbleiben. Das heißt, dass Kinder zum Beispiel heute immer häufiger ohne feste Bindungen an Vater und Mutter aufwachsen. Dies geschieht meist, wenn die Eltern getrennt leben, geschieden sind, der Vater sogar unbekannt bleibt. Meist bleibt den Kindern keine Zeit die Situation zu verarbeiten. Sie werden mehrfach dazu animiert, ihre Gefühle zu unterdrücken. Somit erlebt das Kind oft ein Beziehungsgeflecht, dem es ohnmächtig ausgeliefert ist. Es reagiert je nach Persönlichkeit mit Rückzug, Trotz, Wut oder Lähmung.

Vor allem in konflikthaften Elternbeziehungen übernehmen die Kinder die Verhaltensweisen der Eltern durch das Modell - Lernen. Gerade die vorgelebten Formen verbaler oder körperlicher Auseinandersetzungen werden in das Verhaltensrepertoire des Kindes übernommen. (vgl. Oerter & Montada, 2002, S.124)

Da sich Beziehungen vor allem auf der emotionalen Ebene abspielen, sind in solchen Lebensgeschichten die Probleme mit Nähe und Distanz von Beziehungen vorprogrammiert. Das heißt, einerseits besteht ein großes Bedürfnis nach Nähe und Geborgenheit, da dies in der Kindheit fehlte. Andererseits versuchen die Betroffenen wenig Nähe zu anderen zuzulassen und intime Beziehungen einzugehen, aufgrund der schlechten Erfahrungen in der Kindheit. (vgl. Frielingsdorf, 1999, S. 59f.)

Angesichts dieser vielfältigen Bindungsprobleme und Beziehungsstörungen ist es notwendig, sich mit den in der Familie gelernten Beziehungsmustern bewusst auseinander zu setzen.

2.4 Bindungsstörungen

Wenn keine sicheren Bindungen in der Kindheit aufgebaut werden konnten, kann es zu Bindungsstörungen kommen. Oft ist ein unzweckmäßiges Verhalten der Bezugspersonen eine Mitursache für Störungen im Sozialverhalten der Kinder. Gerade inkonsequentes Erziehungsverhalten, das zwischen Nachgeben und schroffen, unfreundlichen Zurückweisen schwankt, können Ursachen solcher Störungen sein (Erziehungsstile). Im Normalfall sollten die Bezugspersonen ihr Kind beim Aufbau bestimmter Verhaltenweisen erzieherisch unterstützen. Durch das Fehlen sozialer Bindungen, mangelt es den Kindern oft daran, Beziehungen aufzunehmen. Aus Erkenntnissen, die mit der Zeit gesammelt wurden, geht man davon aus, dass das Störungsbild eine Folge elterlicher Vernachlässigung höheren Ausmaßes, von Missbrauch oder schwerer Misshandlungen sind. (vgl. Oerter & Montada, 2002, S.728f.) „Die Kinder zeigen ein abnormes Beziehungsmuster, das durch eine Kombination von Annäherung und Vermeidung bzw. Widerstand gegen freundlichen Zuspruch gekennzeichnet ist" (Oerter & Montada, 2002, S.729). Aus diesem Grund sind sie meist ängstlich,

übervorsichtig, haben geringe soziale Kontakte zu Gleichaltrigen und neigen zu Selbstaggressionen und Unglücklichsein. (vgl. Oerter & Montada, 2002, S.729)
Brennan und Shaver fanden nach Untersuchungen heraus, dass Kinder aus Scheidungsfamilien eher einen unsicheren - ängstlichen Bindungsstil entwickeln, jedoch Halbwaisen einen mehr abweisenden Bindungsstil aufweisen. (vgl. Brennan und Shaver in Oerter & Montada, 2002, S.831)
Gerade Scheidungsfamilien, Familien die in großer Armut leben, oder auch Familien, in der das Wohl des Kindes durch ein Elternteil gefährdet ist, sind Gemeinschaften, die mit ihren Kindern bzw. der problematischen Situation überfordert sind. Aus diesen Situationen ergeben sich Probleme für die Kinder, da ihre Grundbedürfnisse (Nahrung, Gesundheit, Erfahrungen sammeln, Liebe und Zuwendung) meist nicht mehr gedeckt werden können. Somit ist auch die Sozialisation des Individuums gefährdet. „Sozialisation ist der gesellschaftlich vermittelte Lernprozess, durch den die Menschen individuell und kollektiv in einem bestimmten sozialen System sich orientieren und tätig werden" (Freigang, 1986, S.18).
Die Familie stellt hierbei die wichtigste Sozialisationsinstanz dar. Gerade bei den oben benannten defizitären Familiensituationen kann es zu einer misslungenen Sozialisation kommen. Diese Sozialisationsprobleme äußern sich meist in starken Verhaltensstörungen der Kinder und können später zu abweichenden Verhalten führen.
Hierbei sind erste Anzeichen Verstörtheit in der Aufmerksamkeit, Kontaktstörungen, Lernschwierigkeiten und Lieblosigkeit der Kinder. (vgl. Witterstätter, 2002, S.113)
Wegen dieses schon erwähnten Wandels von einer überschaubaren stabilen Gesellschaft zu einer Gesellschaft, die sich in einer Beziehungskrise befindet, müssen verschiedene Hilfsangebote ermöglicht werden. Insofern hat sich die Zahl familiärer Hilfsansätze vermehrt und differenziert. Gerade wenn das Herkunfts- und Familienklima durch Interesselosigkeit, Lieblosigkeit oder zu großer Strenge gestört ist, sollte nach Lösungen gesucht werden, die zu einer Veränderung der Situation führen kann. Auch bei Armut und fehlenden familiären Ressourcen wird dem Kind oft eine normale Entwicklung erschwert.
Eine Möglichkeit, dem Kind und seiner Familie zu helfen, besteht in der Heimerziehung.

3. Die Heimerziehung

Mit der Heimerziehung ist jenes Arbeitsfeld gemeint, in dem Kinder und Jugendliche in Institutionen der Jugendhilfe stationär mittel- bis längerfristig leben, weil sie aus den verschiedensten Gründen nicht in ihrer Herkunftsfamilie angemessen aufwachsen und erzogen werden können. (vgl. Günder, 1989, S.14) Man kann die Heimerziehung auch als (voll)stationäre Erziehungshilfe bzw. Jugendhilfe bezeichnen. Im KJHG (Kinder- und Jugendhilfegesetz) ist die Heimerziehung eine der „Hilfen zur Erziehung", auf die ein Rechtsanspruch besteht. Das KJHG ist ein familienorientiertes Gesetz, in dem darauf verzichtet wird, der Jugendhilfe einen eigenen Erziehungsauftrag zuzugestehen. Das Prinzip ist, dass die Träger und Nutzer als gleichberechtigte Partner eine Aufgabe durch gemeinsames Bemühen zu lösen versuchen. Die Einrichtungen der Jugendhilfe sind in dem Fall das Jugendamt sowie zahlreiche freie Trägerschaften. Hierbei hat die Jugendhilfe die Aufgabe, die Eltern in ihrem Erziehungsauftrag zu unterstützen und durch das Bereitstellen von verschiedenen Angeboten zu ergänzen. Das oberste Ziel ist es, Kinder und Jugendliche so zu begleiten, dass sie als Erwachsene in der Lage sind, ein selbstständiges und in der sozialen Gemeinschaft verankertes Leben zu führen. Die Hilfe wird dann als notwendig gesehen, wenn Eltern ihrer Funktion als Erziehende das „Wohl des Kindes" (§ 27 KJHG) nicht gewährleisten können. (vgl. Hofer, Wild, & Noack, 2002, S.61)

Somit zielen die „Hilfen zu Erziehung" darauf ab, dass:

• "…die Entwicklung (im Sinne von Reifung) eines jungen Menschen so begleitet wird, dass sie als gesellschaftlich angemessen einzuschätzen ist bzw. nach entwicklungspsychologischen Erkenntnissen reflektiert wird;

• die Erziehungskompetenz der Erziehungsberechtigten gestärkt wird und gegebenenfalls die Rahmenbedingungen so verbessert werden, dass die Erziehungskraft, also die Beziehungsfähigkeit gestärkt und dauerhaft stabilisiert wird;

• die Bewältigung des Alltags gefördert und stabilisiert wird;

• durch besondere Angebote verfestigte, gesellschaftlich und negativ bewertete Verhaltensmuster durchbrochen und neue objektiv wie subjektiv befriedigende Lebenskonzepte erprobt werden;

• durch ein `zweites Zuhause` eine emotionale Entlastung und Stabilisierung des ganzen Familiensystems erreicht wird;

- neue `psychologische Eltern` oder ein neuer mittelfristiger Lebensort gesucht werden" (Günder, 2000[2], S.38f.)

Der Anspruch auf Hilfe liegt hier bei den Personensorgeberechtigten und die Art sowie der Umfang der Hilfe richten sich nach dem erzieherischen Bedarf im Einzelfall. (vgl. Ebeling, 2004, S. 11)

In unserem Fall spielt die Heimerziehung eine Rolle und soll uns somit als „Hilfe zur Erziehung" dienen. Bevor jedoch ein Kind oder ein Jugendlicher in ein Heim kommt, werden alle anderen möglichen Hilfsangebote mit in Betracht gezogen und individuell auf den Klienten abgestimmt. Sind jedoch bestimmte Umstände gegeben, versucht man mit Hilfe der Heimerziehung zu agieren.

3.1 Strukturen des Heims

„Das Heim bietet dem Kind oder Jugendlichen im Unterschied zur Familie ein künstlich gestaltetes Lebensmilieu, welches unter dem Gesichtspunkt, eine möglichst nachhaltige Verhaltenskorrektur zu erzielen, pädagogisch-ökologisch arrangiert wurde. Bereits die räumliche Gestaltung der Gruppe, das Mobiliar, die Farbgebung spielen ebenso eine bedeutende Rolle wie die Einbettung der Gruppe bzw. Einrichtung in die Nachbarschaft und den Sozialraum, die Gruppengröße, der Betreuungsschlüssel, Einzel- oder Doppelzimmer usw. Dies alles sind Strukturmerkmale, die entscheidenden Einfluss darauf haben, ob sich ein Kind bzw. Jugendlicher in seiner neuen Umgebung wohlfühlen kann und die ihm dort entgegengebrachten Hilfsangebote annimmt. Von nicht minderer Bedeutung sind die in der Gruppe geltenden Regeln bzgl. Beurlaubung, Ausgang, Taschengeld usw., die Möglichkeit, an ihrer Gestaltung zu partizipieren, schließlich auch die Freizeitangebote in einer Gruppe, der Tagesablauf und nicht zuletzt die pädagogischen Fachkräfte selber, ihre Art, mit den Kindern und Jugendlichen umzugehen, ihre Bereitschaft, sich um deren Probleme zu kümmern und auf sie einzugehen. Viele Heime unterhalten Fachdienste, die durch Spieltherapie, psychomotorische Übungsbehandlung, Reittherapie, heilpädagogisches Werken und/oder Logopädie sehr gezielt auf besondere psychosoziale Problemstellungen von Kindern reagieren" (Becker-Textor & Textor, 1990-2005).

3.2 Klientel im Heim

Die Kinder, die im Rahmen der Heimerziehung Hilfen erhalten, haben es oft nicht einfach. Es sind Kinder, denen die elterliche Erziehung fehlte, die ihnen Geborgenheit, Anerkennung und Orientierung für ihr Verhalten hätte geben können. Die Klientel stammt oft aus überwiegend „unvollständigen" und aus sozial benachteiligten Schichten. Als Auslöser für die Heimunterbringung spielen vor allem Erkrankungen der Eltern, Vernachlässigungen/ Misshandlungen, Alkohol/ Drogenkonsum und Inhaftierung der Erziehenden, eine Rolle.

(vgl. Hofer, Wild, & Noack, 2002, S.66) Gerade die Klienten im Heim haben durch fehlende Liebe, Akzeptanz und Zuwendung durch die Eltern keine stabilen und sicheren Bindungen aufbauen können. Während des Aufenthalts sind diese kaum fähig Beziehungen einzugehen und selektive Bindungen zu entwickeln. Die Klientel kann sich erst nach einer längeren Unterbringungszeit auf die Erzieher und Sozialpädagogen einlassen, um intensivere, vertrauensvollere und dauerhafte Beziehungen einzugehen. (vgl. Ebeling, 2004, S. 67) Früher waren es vorwiegend elternlose oder ausgesetzte Kinder, die im Heim aufgenommen wurden. Heute sind es unter anderem Kinder, die aus sehr unterschiedlichen Gründen in ihrer Herkunftsfamilie nicht mehr leben können, wollen oder dürfen. In der Regel sind es junge Menschen, die aus schwierigen Verhältnissen stammen. Die Betroffenen bringen bei ihrer Heimaufnahme auch ihre dementsprechend individuelle Lebensgeschichte mit.

Die heute aufgenommenen Kinder und Jugendlichen haben mit zunehmendem Alter schon mehrfache Wechsel ambulanter Hilfen, Pflegeverhältnisse und Heimunterbringungen erleben müssen. Diese Wechsel haben meist negative Folgen und erschweren eine erfolgreiche und gelingende Heimerziehung. Dies äußert sich unter anderem in persönlichen Problemen und Schwierigkeiten und der daraus entstehenden Isolation gegenüber den Fachkräften und der Heimbewohner. Zuweilen werden die traumatischen Lebenserfahrungen, andauernde Frustrationen und Erziehungs- sowie Erfahrungsdefizite erst im Laufe des Heimlebens erkennbar. (vgl. Günder, 2000, S.28f.)

Aus diesem Grund ist zu sagen: „Kinder und Jugendliche, für deren Erziehung Interventionen im Rahmen der stationären Erziehungshilfe als notwendig erachtet werden, sind solche mit besonderen Problemlagen, die gesellschaftlich, individuell und/oder familiär begründet sein können" (Günder, 2000, S.31).

Diese Problemlagen können sich in Lern- und Leistungsrückständen, Konzentrations- und Motivationsproblemen, Desorientierung in Alltagssituationen, aggressivem und autoaggressivem Verhalten sowie psychischen und sozialen Auffälligkeiten äußern. Ein komplexeres Problem stellt der häufig auftretende Entwicklungsrückstand dar. Die Sichtbarkeit der Problemlagen spiegelt sich in Erziehungsschwierigkeiten, Schulproblemen, Rumtreiben, Delinquenz, Sucht und psychischen Störungen oder Auffälligkeiten im Sexualverhalten wieder. (vgl. Ebeling, 2004, S.14)

Die Klientel im Heim wird aus diesen Gründen des Öfteren als „verhaltensauffällig" oder „verhaltensgestört" bezeichnet. Im Heim sollen die emotionalen, sozialen und kognitiven Defizite bearbeitet und möglichst aufgeholt werden. Dies setzt nicht nur gute Erzieher/innen bzw. Sozialpädagoge/innen voraus, sondern auch Menschen, die den Situationen psychisch gewachsen sind.

3.3 Die Aufgaben der Sozialpädagogen im Heim

Das Berufsfeld früherer Heimerziehung war geprägt durch die Pflege, Beaufsichtigung und Versorgung elternloser Kinder. Im Laufe der letzten Jahre veränderten sich die Inhalte und Anforderungen an die Heimerziehung radikal. Anstelle des autoritären Erziehungsmusters traten Gedanken des Helfens und Förderns. Hierdurch änderte sich auch das Berufsbild. Die Rolle der „Heimerzieher" sieht heute eine offene und globale Erwartungshaltung vor, nach der die Kinder und Jugendlichen durch pädagogische Maßnahmen gefördert werden. Diese Modifikation verlangt demnach eine bessere und höhere Qualifikation der „Heimerzieher". (vgl. Günder, 2007, S. 114f.) Der Terminus „Heimerzieher" umfasst hierbei sowohl Männer als auch Frauen, welche für den Beruf des Erziehers in einer stationären Einrichtung ausgebildet wurden. Sie haben ihre Ausbildung mit einem Diplom abgeschlossen und nennen sich entweder Heimerzieher oder Sozialpädagogen.[1] (vgl. Schoch, 1989, S.21) Diese übernehmen die verantwortungsvolle Aufgabe den Klienten so zu helfen, dass am Ende der Maßnahme eine Besserung zu verzeichnen ist und wenn möglich die Aufgabe der Heimerziehung erfüllt ist.

Dabei ist gemeint, dass der Klient wieder in die Familie eingliedert werden kann oder soweit auf die Gesellschaft vorbereitet wird, um in ihr ein selbstständiges Leben führen zu können. Der Sozialpädagoge/Heimerzieher versucht also das Kind oder den Jugendlichen dementsprechend zu erziehen.

In diesem Prozess der Erziehung sollen die Klienten so von Seiten der Sozialpädagogen unterstützt werden, dass sie einen Weg finden sich selbst zu ändern. (vgl. Durrant, 1996, S.32) Ein Sozialpädagoge soll den Kindern und Jugendlichen keine heile Welt vorspielen, sondern eine „heilende" Welt ermöglichen. Das Heim ist durch die Begegnung mit dem Sozialpädagogen ein Ort, wo Kinder und Jugendliche für ihre Entwicklung hilfreiche unkonditionale Zuwendung, Treue, Achtung und Verständnis erfahren. Es soll ein Ort sein, wo sich für Kinder und Jugendliche das Leben in der Beziehung öffnet. (vgl. Junge, 1989,

---

[1] Im weiteren Verlauf kommen hier noch die Bezeichnungen sozialpädagogische Fachkräfte, berufliche Helfer, Mitarbeiter der sozialen Arbeit sowie Personal hinzu. Alle sind mit den pädagogischen Fachkräften im Heim gleichzusetzen. Erzieher sind hierbei nicht ausreichend qualifiziert, leisten jedoch meist die gleiche Arbeit wie ein Sozialpädagoge.

S.59) Hierzu benötigt jedoch ein Sozialpädagoge die Fähigkeit, Erfahrungen zu sammeln und mit Hilfe bestimmter Ereignisse und menschlicher Beziehungen auf die unterschiedlichsten Situationen spontan reagieren zu können. (vgl. Bowlby, 2001, S. 141)

Dadurch, dass der Sozialpädagoge als direkte Bezugsperson, die meiste Zeit in unmittelbarer Beziehung zum Kind/Jugendlichen steht, hat er in der Regel die größte Informationsdichte. Diese hilft ihm, die Verhaltensweisen des Kindes/Jugendlichen und die Ursachen dafür besser einschätzen zu können. Als Bezugsperson hat er die emotionalen Bedürfnisse der Kinder zu befriedigen und als Vorbild zu agieren. Diese Vorbildfunktion soll ein individuelles Wertesystem beim Klienten initiieren. (vgl. Hofmann, 1991, S. 33)

Der Sozialpädagoge muss sich dabei stark am Klienten orientieren, um genau feststellen zu können, auf welchen Entwicklungsstand sich der Klient befindet und inwieweit er mit ihm zusammenarbeiten kann. (vgl. Grzesik, 1998, S. 179)

Um mit dem Klienten so zusammenarbeiten zu können, dass Fortschritte zu verzeichnen sind, bedarf es einer gewissen Grundeinstellung. Nicht nur die Kinder und Jugendlichen müssen sich auf ein Arbeitsverhältnis einlassen können, sondern auch die sozialpädagogischen Fachkräfte. Sie benötigen in dem Fall eine positive Grundeinstellung gegenüber den Kindern und Jugendlichen. Gefühle von Wertschätzung, Akzeptanz und Anerkennung können nur vermittelt werden, wenn die Fachkräfte ohne Vorurteile an den Hilfeprozess herantreten. Auch ein aufgeschlossenes Verhalten und die verständnisvolle Anteilnahme ist Grundlage eines respektvollen Umgangs miteinander. So kann man ein angstfreies Klima schaffen und die Grundqualifikation der Beziehungskompetenz auf der Ebene des Kontaktes mit dem Klienten wird gewährleistet.

Des Weiteren ist die soziale Kompetenz sehr wichtig für die Arbeit mit dem Klienten. Mit der sozialen Kompetenz ist hier die Fähigkeit gemeint, sich auf die Klienten mit ihren Bedürfnissen und Anforderungen einzulassen. Dabei ist das Nachdenken über die Situation und deren Bedingungen selbst von Vorteil. Gerade die Fähigkeit berufliche Beziehungen aufbauen bzw. aktiv herstellen zu können, zeugt von großer Begabung im Umgang mit den Kindern und Jugendlichen. (vgl. Herriger, & Kähler, 2003, S. 146) Über dies hinaus umfasst die soziale Kompetenz [...] „die Fähigkeit des beruflichen Helfers, balancierte und konstruktive Arbeitsbeziehungen zu Kooperationspartnern innerhalb und außerhalb der eigenen Institution herstellen und pflegen zu können" (Herriger & Kähler, 2003, S. 146).

Wie schon erwähnt hat der Sozialpädagoge die Aufgabe, die Heimkinder zu erziehen. Das geht meist nach Plan (Erziehungsplan) von statten. Dabei sollte er die Genese der Verhaltensstörungen kennen und Zusammenhänge zu ihrer Entstehung und Festigung herstellen können. Durch die enge Beziehung zum Sozialpädagogen ist dies wie schon oben angeführt realisierbar. Hierzu sind Kenntnisse der Entwicklungspsychologie von Nöten. Des Weiteren sollte der Sozialpädagoge ein Verständnis für die familiäre Situation der Heimkinder haben. Dabei spielen die vorhandenen Eltern - Kind - Beziehungen eine Rolle, denn wie schon benannt, können sie großen Einfluss auf das Verhalten der Kinder haben. Diese angeeigneten Beziehungsmuster sollten erkannt und für die Entwicklung neuer Verhaltensweisen sowie für korrigierende Erfahrungen nutzbar gemacht werden. Hieraus kann ein Sozialpädagoge konkrete Ziele formulieren, in Teilschritte zerlegen und einer gewissen Rangordnung zuordnen. Das Fachwissen verbunden mit dem Wissen um den Klienten muss nun in die Erziehungsplanung integriert werden, indem Theorie und Praxis verbunden werden. Dabei wird das Gesamtkonzept der Einrichtung mit einbezogen. (vgl. Junge, 1989, S.59) In der beabsichtigten Hilfeleistung sollte man immer bedenken, dass den Kindern innerhalb der Heimerziehung das so wichtige Moment der Eltern – Kind – Bindung fehlt. Es ist jedoch nicht nur zum Nachteil der Heimbewohner ausgelegt. Die Kinder/Jugendlichen erfahren durch den Sozialpädagogen eine andere Art der Emotionalität und diese lässt in vielen Fällen eine Entwicklungsförderung zu. (vgl. Günder, 2000, S. 154)

> „ In besonderer Weise hat der Erzieher denjenigen, die aus gestörten Sozialbeziehungen stammen, zu helfen, ihre psychischen und sozialen Probleme zu bewältigen, ein positives Selbst- und Weltbild zu gewinnen und sie damit zu befähigen, nach Ende des Heimaufenthalts stabile soziale Beziehungen herstellen und erhalten zu können" (Hofmann, 1991, S. 33).

Während dieses Hilfeprozesses sollten jedoch die Beziehungen zum Kind/Jugendlichen nie zu eng werden. Eine gewisse Distanz sollte immer gewahrt bleiben, da der Kontakt zu den Eltern immer im Vordergrund steht. Das Ziel ist die Rückführung in die Familie. Demzufolge hat der Sozialpädagoge die Aufgabe, den Kontakt zwischen Eltern und Kind zu ermöglichen. Dabei nimmt er auch ab und an die Rolle des Vermittelnden ein. Diese Kontaktaufnahme zu den Eltern kann sich erschweren, wenn das Kind/der Jugendliche eine zu enge Beziehung zum Sozialpädagogen hat und ihn als Vater oder Mutter ansieht.
Aus diesem Grund ist es wichtig, […] „ein Fundament von wechselseitigem Vertrauen und Reziprozität herzustellen und gleichsam eine kritisch- reflektierende Distanz zu den Lebensentwürfen und Alltagsinterpretationen der Klientel zu wahren" (vgl. Herriger & Kähler, 2003, S. 146).

3.4 Nähe – Distanz- Verhältnis

Die notwendige Nähe des Sozialpädagogen zu den Kindern/Jugendlichen im Heim kann zu einer starken persönlichen Betroffenheit führen. Sie birgt die Gefahr in sich, die unerlässliche berufliche Distanz zu verringern. Der Sozialpädagoge sollte daher seine eigenen Gefühle, Haltungen, Einstellungen, Werte, Normen kennen und deren Abhängigkeit von der Gesellschaft berücksichtigen. In einer guten Arbeitsatmosphäre sollte der Sozialpädagoge die Gelegenheit erhalten, über seine Gefühle und Ängste sowie seine Betroffenheit zu reden.(vgl. Junge, 1989, S.63)

Bisher und im Weiteren wird davon gesprochen, dass Beziehungen einerseits in der Heimerziehung bedeutsam sind und andererseits Voraussetzung für eine dauerhafte Erziehung im Heim und demnach auch der Hilfe ist. Diese tragfähige auch heilende Beziehung zu den Heimbewohnern wird immer wieder angestrebt und als Mittel für weitere Maßnahmen verwendet. Die Beziehung ist der eigentliche Zuständigkeits- und Kompetenzbereich der Sozialpädagogen. „Die Beziehung bildet den Boden, den Ausgangspunkt für alle erzieherischen Bemühungen – ohne Beziehung keine Erziehung" (Simmen, 1998, S.24).

Das Problem bei dieser Sichtweise ist, dass der Sozialpädagoge seine Handlungskompetenz nur darin sieht, eine Beziehung aufzubauen. Er berücksichtigt dabei oft nicht, dass es Grenzen geben muss. Die Grenzen einer Überbehütung und Überversorgung sind aus dem Grund oft schnell erreicht. (vgl. Simmen, 1998, S.25)

Durch den täglichen engen Kontakt mit den Heimbewohnern ist es schwer, eine Balance zwischen Nähe und Distanz zu finden. Aus diesem Grund ist es förderlich, sein pädagogisches Verhalten regelmäßig zu reflektieren und auszuwerten. In dem Fall hat der Sozialpädagoge einen Überblick über sein eigenes Handeln und kann rechtzeitig reagieren. Von Vorteil ist daher auch das regelmäßige Gespräch mit Teamkollegen, die dieses Verhalten fast täglich sehen und somit bewerten und einschätzen können. Einem Sozialpädagogen im Heim kann es schwer fallen, entsprechend des Nähe – Distanz – Problems richtig zu agieren. Zudem haben die Eltern der Kinder und Jugendlichen auch gewisse Erwartungen an den Sozialpädagogen. Diese Erwartungen erschweren es wiederum, die Distanz zum Heimbewohner zu wahren.

3.4.1 Erwartungen an den Sozialpädagogen von Seiten der Eltern

„Die Eltern weisen oder lassen ihr Kind oft in eine Institution mit der Hoffnung einweisen, dass sie von Problemen entlastet werden. Sie wollen ein fachmännisch behandeltes Kind zurückerhalten, ohne sich dabei in der Regel selbst mit einzubeziehen oder mitzuhelfen"

(Kindschuh van Roje, 1989, S.30). Die Eltern möchten, dass der Sozialpädagoge die kaputten Familienkonstellationen wieder „repariert". (vgl. Durrant, 1996, S.33)
Der Heimerzieher ist hier für eine befristete Zeit das so genannte „Ersatzelternteil". So werden eine berufliche oder professionelle Haltung als auch ein Gefühl von Elternersatz erwartet. (vgl. Kindschuh van Roje, 1989, S.30)

3.4.2 Erwartungen an den Sozialpädagogen von Seiten der Klientel

Kinder, die in ein Heim aufgenommen werden, fühlen sich dadurch oft von ihren Eltern bestraft und lassen ihre Wut über diese Entscheidung meist am Sozialpädagogen aus. Dieser hat aber überhaupt keinen Einfluss darauf, ob die Hilfe notwendig für das Kind ist, denn die wichtigsten Entscheidungsschritte sind bereits mit der Aufnahme des Kindes abgeschlossen. Der Sozialpädagoge hat lediglich Einfluss darauf, die Maßnahme zu verkürzen oder zu verlängern. Er ist mit der Aufnahme des Kindes vor die Aufgabe gestellt zu helfen, das heißt, das Kind in die Gruppe zu integrieren. Er muss sich nun im Rahmen seines pädagogischen Fachwissens ein Konzept erarbeiten, um dem Kind überhaupt erst einmal die Möglichkeit eines Einlassens auf die neuen Bedingungen zu geben. Das Kind erwartet in dem Fall vom Erzieher Trost, Beschäftigung und eine Möglichkeit seine Aggressionen abzureagieren. Der Sozialpädagoge steht hierbei unter großem psychischen Druck, da die Kinder ihre schweren Beziehungsstörungen auszuleben versuchen. Gerade die bisher erlernten Beziehungsmuster in der Familie kommen dabei stark zur Geltung. (vgl. Kindschuh van Roje, 1989, S.30)
Hier ist mit der Beziehungsarbeit zum Kind anzusetzen, denn sie bildet das Fundament für eine gemeinsame Arbeitsgrundlage und öffnet die Tür einer gelingenden Hilfe zur Erziehung.

4. Ziele und Aufgaben der Heimerziehung im Kontext des KJHG

In den meisten Einrichtungen ist ein schrittweises Vorankommen üblich, indem die Familie des Betroffenen entlastet werden soll. Durch ein gemeinsames Erarbeiten von Lösungswegen soll der Zusammenhalt in der Familie gestärkt werden, um eine Rückführung in diese zu ermöglichen. Dabei wird eine gemeinsame Arbeitsgrundlage geschaffen, die sich mit Hilfe der Erfahrungen des Klienten und den qualifizierten Wissen der Fachkräfte aufbaut. In regelmäßigen Abständen wird hier über die individuelle und kontinuierliche Entwicklung jedes einzelnen Kindes gesprochen. Deshalb werden die so genannten Hilfeplangespräche auf Seiten des Jugendamtes halbjährlich vereinbart.

Hierbei werden das jeweilige Jugendamt als Kostenträger (§ 85 KJHG), der Kontakterzieher[2] des Kindes und die Sorgeberechtigten zusammengeführt. Wichtig dabei ist die Kooperation aller Parteien. Die Ergebnisse diagnostischer und planender Arbeit werden schriftlich im Hilfeplan dokumentiert. Dabei soll konkretisiert werden, worin der erzieherische Bedarf besteht, welche Hilfeart angemessen ist und welche Leistungen als notwendig angedacht sind. Der so genannte Hilfeplan ist im Paragraphen 36 des KJHG festgelegt. Mittels des Hilfeplangesprächs wird dann die Hilfemaßnahme betrachtet und auf ihre Wirksamkeit überprüft. Inhalte dieser Hilfeplangespräche sind beispielsweise der derzeitige Entwicklungsstand des Kindes oder Jugendlichen. Wichtig für alle Beteiligten sind die bisherigen Entwicklungsfortschritte, besondere Ereignisse und Vorkommnisse sowie die Situation in der Schule und die Integration des Kindes oder Jugendlichen in der Heimgruppe. Die bisherigen beobachtbaren Veränderungen des Kindes oder Jugendlichen bieten unter anderem die Grundlage für die Abklärung, ob die Hilfe weiterhin für geeignet und notwendig gehalten wird. Hieraus erfolgt somit eine Perspektivenabklärung für das Kind oder den Jugendlichen. (vgl. Günder, 2000, S.48f)

Der Hilfeplan beinhaltet zudem wichtige Aussagen hinsichtlich des Gesamtziels nach Paragraphen 34 KJHG, der Grund- und Zusatzleistungen, der Dauer sowie Perspektiven und Ziele bezüglich des Jugendlichen und seiner Eltern. Daneben sind Aspekte der Kooperation mit dem Jugendamt festgelegt. Diese erfolgen in Form von Informations- und

---

[2] Ein Kontakterzieher steht dem Kind kontinuierlich zur Seite und ist zuständig für alles, was das Kind betrifft. Er fertigt in regelmäßigen Abständen Entwicklungsberichte über das Kind an, welche Grundlage für das Hilfeplangespräch ist. Hierdurch wird gewährleistet, dass jedes Kind in jeder Situation seinen speziellen Ansprechpartner hat und eine kontinuierliche und individuelle Betreuung erfährt.

Berichtspflichten. Damit verbunden ist ein Vertrag zwischen Jugendamt und der Einrichtung über die zu erbringenden Leistungen. (vgl. Ebeling, 2004, S. 58)

Bereits eine Einbeziehung der Betroffenen im Hilfeplanungsprozess lässt ein gewisses Maß an Vertrauen in die Beteiligungsbereitschaft und -fähigkeit der Klientel und ihr Interesse an einer guten Lösung entstehen. (vgl. Blandow, 1999, S.137)

Wie schon erwähnt ist die Heimerziehung im KJHG eine der „Hilfen zur Erziehung", auf die ein Rechtsanspruch besteht, „… wenn eine dem Wohl des Kindes oder des Jugendlichen entsprechende Erziehung nicht gewährleistet ist und eine Hilfe für seine Entwicklung geeignet und notwendig ist" (Stascheit, 2005, S.1039).

Im KJHG werden die Aufgaben und Zielsetzungen der Heimerziehung beschrieben. In diesem Gesetz ist nach Paragraphen 34 festgelegt, welche Aufgaben die Heimerziehung hat. Vorrangig soll das Kind oder der Jugendliche durch eine Verbindung von Alltagserleben mit pädagogischen und therapeutischen Angeboten in seiner Entwicklung gefördert werden. Weiterhin soll dem Kind/Jugendlichen ermöglicht werden, in die Herkunftsfamilie zurückzukehren. Dies geht allerdings nur bei einer erzielten Verbesserung der Erziehungsbedingungen in der Familie. Sollte diese Rückführung in die Herkunftsfamilie scheitern, da eine Besserung des Ist – Zustandes nicht abzusehen ist, besteht im Rahmen der Heimerziehung die Chance, das Kind auf eine Erziehung in einer anderen Familie vorzubereiten. Eine weitere Aufgabe der Heimerziehung besteht darin, die Betroffenen auf ein selbstständiges Leben vorzubereiten. Dazu gehört die Beratung und Unterstützung von Seiten der Fachkräfte. (vgl. Stascheit, 2005,S. 1040)

Der Paragraph 35 a des KJHG spielt hierbei auch eine Rolle. In diesem Paragraphen wird der Anspruch auf die Eingliederung der Klienten sichergestellt. Des Weiteren wird die Hilfe nach dem Bedarf ermittelt, wobei das Maß der Einzelfall ist. Bei der zu leistenden Hilfe werden hierfür geeignete Einrichtungen vorgesehen, die die aufgeführten Ziele erreichen können und den Hilfebedarf decken. Da im KJHG der Familienbezug sehr wichtig ist, sind ambulante Erziehungshilfen den (voll)stationären dann vorzuziehen, wenn die familiären Beziehungsstrukturen und Bindungen noch einigermaßen vorhanden und zu erwarten sind. Ist dies nicht oder nur in einem geringen Maße erreichbar, wird die Möglichkeit einer Erziehung im Heim in Betracht gezogen.

4.1 Ergänzende Ziele und Aufgaben der Heimerziehung

Da sich alle Menschen in einem ständigen Veränderungsprozess befinden, in dem sie versuchen, sich selbst, ihren Beziehungen und ihrem Schicksal, „einen Sinn zu geben", muss der Fokus der Heimerziehung unter anderem auf die Gesamtheit der Geschehnisse im Leben der Klienten gelegt werden. Wenn Menschen Familienprobleme haben, die sie nicht selbst lösen können, ist das eine Reflexion des „Feststeckens". Dieses Stagnieren kann die Betroffenen deprimieren, da es für jeden ein Zeichen von Schwäche ist und bedeutet, dass man Fehler gemacht hat. Die Stärken und Ressourcen, die ein jeder hat, werden dabei außer Acht gelassen. Aus diesem Grund ist es wichtig, dass die Sozialpädagogen der (voll)stationären Erziehungshilfe gerade dafür einen Blick haben. Das heißt, sie sollen ressourcenorientiert arbeiten. (vgl. Durrant, 1996, S.51) Die (voll)stationäre Erziehungshilfe wird hierbei auch gern als „Übergang" gedeutet. Das heißt, sie soll bestimmte Verhaltensänderungen bewirken und gegebenenfalls eine Brücke in einen neuen Lebensabschnitt darstellen. Diese Zeit des Übergangs ist eine Zeit des Übens und Experimentierens, mit einem unvermeidlichen Auf und Ab. Zusammenfassend ist also zu sagen, dass das Ziel der (voll)stationären Erziehungshilfe unter anderem darin liegt, dass junge Menschen und ihre Familien imstande sind, sich selbst als kompetent und erfolgreich zu erleben. Durch diesen Prozess soll es ihnen ermöglicht werden, eine neue Sichtweise von sich selbst zu entwickeln, die ihnen erlaubt, fortlaufend hilfreiches, akzeptableres und erfolgreicheres Verhalten zu entdecken. (vgl. Durrant, 1996, S.52)

Neben dem Wohnen im Heim, der Unterstützung in der Schule und Ausbildung sowie Freizeitgestaltung bemüht sich die Erziehung in den Heimen also auch um die Förderung der allgemeinen Entwicklung der Kinder und Jugendlichen. Hierdurch sollen die bestehenden Schwierigkeiten und Auffälligkeiten verringert werden. Im Vordergrund steht immer das Ziel, die Kinder so zu fördern, dass sie in Zukunft ihre Probleme besser bewältigen können. Unter anderem gehören die Förderung des Selbstbewusstseins, der adäquate Umgang mit Konflikten sowie die zunehmende Verselbstständigung zum Ziel der Heimerziehung. (vgl. Günder, 2000, S.48f.)

4.2 Zielformulierung

Innerhalb der Heimerziehung nehmen viele Faktoren auf die Erziehung Einfluss. Ein besonders wichtiger Aspekt liegt hierbei in der gemeinsamen Zielsetzung. Meist sind sie vom Helfer (Sozialpädagogen) aufgestellt worden und nicht im gemeinsamen einvernehmen mit dem Klienten, der das Ziel erreichen muss. Von einem Wollen der Zielerreichung kann nur die Rede sein, wenn die Klientel mitreden kann und sich nicht gezwungen fühlt für andere etwas zu tun. So ist zu sagen, dass die Partizipation an der Formulierung der Ziele mit ausschlaggebend ist für einen Erfolg. Die Partizipation der Kinder und Jugendlichen im Heim soll im späteren Verlauf noch eine Rolle spielen.

„Die Art, wie Ziele formuliert werden, kann einen grundlegenden Einfluss darauf haben, welche Fortschritte die Fremdunterbringung macht" (Durrant, 1996, S.387).

Im Allgemeinen drücken die Ziele eine Orientierung auf Probleme aus. Das heißt, es wird formuliert, an welchen Problemen die betreffende Person arbeiten möchte oder sollte und wie eine Lösung erarbeitet werden kann. Ziele sind also mit dem Überwinden von Problemen oder dem Verändern problematischer Situationen eng verbunden. (vgl. Durrant, 1996, S.87) Hieraus ergibt sich, dass Ziele so formuliert sein müssen, dass sie für jeden erreichbar sind und dementsprechend auf die jeweilige Lebenssituation zugeschnitten sind. Ziele sollten stets „smart" sein, d.h. „spezifisch" , „messbar" , „aktionsorientiert", „realistisch" und „terminiert", sowie herausfordernd, positiv und eindeutig formuliert.(vgl. Ebeling, 2004, S.33)

5. *Beziehungsaufbau in der Heimerziehung*

Neben den üblichen Aufgaben, die die Heimerziehung vorschreibt und der Sozialpädagoge erfüllen soll, muss man vorerst ein Setting schaffen, in dem der Sozialpädagoge und sein Klient miteinander arbeiten können.

Junge schrieb: „Der junge Mensch muss im Heim verlässliche positive Beziehungen finden.
> Erziehungshilfe im Heim findet in Beziehungen statt und ist zu einem guten Teil Arbeit hieran. Viele Mitarbeiter machen nun die Erfahrung, dass der Aufbau einer tragfähigen Beziehung zu jungen Menschen zunehmend schwieriger wird. Sie geraten dabei in die zirkuläre Problematik, dass man einerseits sagt, die persönliche Beziehung sei das wichtigste pädagogische Werkzeug, und dass andererseits die größte Schwierigkeit vieler unserer Kinder darin besteht, dass sie keine Beziehungen zu Erwachsenen herstellen wollen oder können"(Junge, 1989, S.55).

Jedoch müssen sich Sozialpädagogen im Heim Gedanken machen, wie sie die Beziehungen zu den Kindern und Jugendlichen aufbauen können, diese für die Zukunft sichern, damit sie für die jungen Menschen in Anbetracht ihrer Nöte und Probleme möglichst hilfreich und unterstützend sind.

Nach Unzner ist es wichtig, darauf zu achten, die Bindungsbedürfnisse der Kinder zu befriedigen. Durch kleine familienähnliche Gruppen im Heim ist der Aufbau verlässlicher Beziehungen günstig gestaltet. Stabile Bezugspersonen, die hier durch den Sozialpädagogen gegeben sind, sollen durch ein feinfühliges Eingehen auf die emotionale Befindlichkeit der Kinder und emotionale Unterstützung in belastenden Situationen gewährleistet werden. (vgl. Unzner in Hofer, Wild & Noack, 2002, S.66)

Diese Aussage bestätigt, dass Bindungen bzw. Beziehungen zu den Kindern und Jugendlichen im Heim sehr wichtig sind. Wesentlich für den Beziehungsaufbau ist die emotionale Dimension, die von den pädagogischen Fachkräften ausgehend, in diesem Prozess erkennbar wird. Ein Vertrauensverhältnis wird vor allem durch die Einstellung der Sozialpädagogen beeinflusst. Dabei nehmen Anteilnahme am Geschehen des Klienten, Zugehen auf die eigene Person, persönliches Einfühlungsvermögen, Respekt vor seiner Person und eine positive Grundeinstellung gegenüber dem Klienten einen hohen Stellenwert ein. Es wurde nachgewiesen, „[j]e intensiver das Gefühl der Annahme durch den Erzieher und Erzieherinnen bei den Heimkindern ausgeprägt ist, desto vertrauensvoller gestaltete sich die Beziehung, und der Einfluss der Heimerziehung bedeutend dauerhafter und eindringlicher"

(Gehres, 1997,S.202). Der Beziehungsaufbau wird von Erzieher zu Erzieher, von Sozialpädagogen zu Sozialpädagogen unterschiedlich gehandhabt. Dies hat ihre Begründung in der Individualität eines jeden. Das heißt, jeder Mensch hat seinen eigenen Weg an die Sache heranzugehen, denn jeder Mensch zeichnet sich durch seine eigenen Persönlichkeitsmerkmale aus. So ist es wichtig und auch förderlich, die bisher genannten Prinzipien (Anteilnahme, Einfühlungsvermögen u. a.) gegenüber den Kindern und Jugendlichen anzuwenden und in den Beziehungsaufbau mit einfließen zu lassen. Wie jedoch der Sozialpädagoge eine Beziehung zum Kind/Jugendlichen aufbaut, ist ihm überlassen. Oft fließen gemeinsame Gespräche, in denen man sich besser kennen lernt, und gemeinsame Aktivitäten in den Aufbau ein. Es ist jedoch nicht immer der Fall das alle Sozialpädagogen in dem Team eine positive Beziehung zu jedem Kind haben. Gerade hier ist es wichtig, dass die Kinder einen Kontakterzieher (Sozialpädagoge oder Erzieher) haben, dem sie sich anvertrauen können und zu dem sie ein gutes Verhältnis aufbauen können. Dabei sollte den Kindern und Jugendlichen freigestellt werden, wen sie als Kontakterzieher auswählen. So kann man schon am Anfange des Hilfeprozesses ein Gefühl des „Wahrgenommen - Werdens" vermitteln. Durch die freie Auswahl des Kontakterziehers, ist davon auszugehen, dass ein sympathisches Verhältnis zur ausgewählten Person aufgebaut worden ist und das gemeinsame Erarbeiten von Zielen ihnen leichter gemacht wird.

Ein Kontakterzieher ist für den Klienten ein primärer Ansprechpartner und Begleiter gewisser Beziehungsexklusivität und besitzt eine umfangreiche Zuständigkeit für das jeweilige Kind/den Jugendlichen auch nach außen. Als Beispiel soll hier das Hilfeplangespräch dienen, in welchem der jeweilige Betroffene meist vom Kontakterzieher vertreten wird, weil davon auszugehen ist, dass er die größte Informationsdichte über den Klienten hat. Diese Informationen dienen der gemeinsamen Erarbeitung von Zielen und somit auch der Aufgabenerfüllung der Heimerziehung. Die Qualität der Beziehung zwischen dem Sozialpädagogen (Kontakterzieher) und dem Klienten ist sehr wichtig. Hierbei sind Akzeptanz (positive Wertschätzung), Kongruenz (Echtheit) und einfühlendes Verstehen (Empathie) gemeint. Durch Interaktion miteinander können diese Eindrücke vermittelt werden. Auf diesem Weg kann Vertrauen gewonnen werden, welches der Grundstein jeglicher pädagogischer Beziehungen ist. Hierbei spielt die Theorie von Petermann und Steinke eine wesentliche Rolle. Die beiden beschäftigen sich mit der Frage, wie ein Sozialpädagoge in einer pädagogischen Beziehung das Vertrauen der Kinder und Jugendlichen gewinnen kann. Sie stellten fest, dass der Vertrauensaufbau nur unter der

Voraussetzung machbar ist, wenn ein Mindestmaß an Sicherheit gegeben ist. Das heißt, dass das Kind/der Jugendliche keine Angst verspürt. (vgl. Gabriel & Winkler,2003,S.97f.)

5.1 Die Bedeutung eines guten Beziehungsaufbaus in der Heimerziehung

Die eigentliche Thematik der Kinder und Jugendlichen im Heim ist die Suche nach tragfähigen und verlässlichen Beziehungen. Das Heim muss daher vertrauensvolle Bezugspersonen zur Verfügung stellen, die Erfahrungen von emotionaler Geborgenheit, Akzeptanz, Sicherheit, Zuwendung ermöglichen. (vgl. Schleiffer, 2003, S.2)
„Ein konstitutiver Beziehungsaufbau in Form von möglichst exklusiver Beziehungen ist ein wesentlicher Schlüssel, um Zugang zu den jungen Menschen zu bekommen und damit die Möglichkeit, Veränderungen von Verhalten zu initiieren und zu optimieren" (Ebeling, 2004, S. 73). Beziehungen haben gerade in der Heimerziehung eine große Bedeutung, denn der Sozialpädagoge ist in ständigem Kontakt mit den bedürftigen Kindern und Jugendlichen. Weil die Klientel im Heim den ganzen Tag betreut wird, gestalten sich hier viele Beziehungskonstellationen. Dabei ist die Rede von beruflichen Beziehungen zwischen Schülern – Lehrern, sowie Therapeuten – Klienten und Sozialpädagogen – Heimbewohnern. Durch diese Konstellationen und der Tagesgestaltung innerhalb stationärer Einrichtungen befindet sich das Kind oder der Jugendliche 24 Stunden in Beziehung mit diesen Personen. Morgens ist es der Erzieher, der ihm begegnet. Im Anschluss daran werden Lehrer und Therapeuten mit den Kindern arbeiten. Am Nachmittag kehren sie dann wieder in die Gruppe zurück, in der sie den weiteren Tag einschließlich der Nacht verbringen. Den Erfolg einer guten Schulleistung, einer gelungenen Therapie und einer Besserung im sozialen Leben der Kinder und Jugendlichen macht nicht nur der ständige Kontakt mit Lehrern, Therapeuten und Sozialpädagogen aus, sondern die Qualität einer guten Beziehung zwischen den Personen. Durch eine gute Beziehung zwischen dem Klient und dem Sozialpädagogen ist ein gemeinsames Arbeiten möglich und ein Erfolg der Maßnahme kann bewirkt werden. (vgl. Schleiffer, 2003, S.2)
Während dieses gemeinsamen Arbeitens können die Ziele erreicht werden, die man sich gemeinsam gesetzt hat. Interessen und Wünsche der Klienten und der Fachkräfte werden dabei mit einbezogen. Die Basis hierfür sind Vertrauen, das gegenseitige Akzeptieren und Respektieren voneinander sowie Empathie und Wertschätzung. Ist die Beziehung in dieser Qualität vorzuweisen, dann sind ein Zusammenarbeiten und ein Verbessern der gegebenen Situationen möglich. Positive zwischenmenschliche Beziehungen auf der Basis einer vertrauensvollen und verständnisvollen Grundeinstellung der Fachkräfte gegenüber der

Klientel und ein gruppeninternes Zusammengehörigkeitsgefühl beeinflussen zudem den Erfolg pädagogischer Leistungen im Einzelfall. (vgl. Ebeling, 2004 S. 72) Mehrfach wird davon gesprochen, dass für ein Vorankommen eine gemeinsame Arbeitsgrundlage zwischen Klient und Fachkraft (Sozialpädagoge, Lehrer, Therapeuten...) geschaffen werden muss. Erst wenn diese Grundlage besteht, kann man den Kindern und Jugendlichen sowie ihren Eltern helfen. Dazu muss Freiwilligkeit und Bereitschaft auf Seiten der Klienten vorhanden sein. Ohne diesem Bewusstsein, dass man Hilfe benötigt, und dem Zulassen von Hilfe ist ein Sozialpädagoge machtlos. Erst wenn gute Beziehungen zum Klienten aufgebaut werden, kann man helfen und die Ziele sowie Aufgaben innerhalb der Heimerziehung angehen. Gerade dieser Beziehungsaufbau zu den Kindern und Jugendlichen soll nicht nur den Zweck einer gelingenden Hilfe zur Erziehung beinhalten, sondern die Kinder und Jugendlichen auf die Zukunft vorbereiten, denn nach Lindenmeyer heißt es „[d]as Handeln orientiert sich nicht am Jetzt, sondern an seiner Wirkung in der Zukunft" (Lindenmeyer, 2003 S. 10). Damit ist gemeint, dass gerade diese Klientel im Heim mit Bindungsstörungen und Beziehungsunfähigkeit aufgenommen werden. Durch die Aufnahme im Heim werden die Klienten sofort damit konfrontiert, da sie den ganzen Tag mit anderen zusammenleben werden und kaum eine Möglichkeit haben sich zurückzuziehen. Aus diesem Grund ist es wichtig, von Anfang an einen Kontakt herzustellen und Zuwendung sowie Aufmerksamkeit zu vermitteln, um Ängste ab- und Vertrauen aufzubauen. Durch den engen Kontakt zum Klienten kann der Beziehungsaufbau stattfinden und sollte kontinuierlich fortgesetzt werden. Gerade stabile Bindungen zum Sozialpädagogen und eine kontinuierlichen Zusammenarbeit können eine andere Sichtweise des Klienten entwickeln. Durch den regelmäßigen Kontakt und ein nettes Miteinander können neue Beziehungsmuster gefestigt werden. Der Klient lernt Vertrauen zu anderen zu gewinnen und sieht, dass seine bisherigen schlechten Erfahrungen nicht immer wiederholt werden. Die Kinder und Jugendlichen lernen Beziehungen zu knüpfen, ohne Ängste vor Zurückweisung und Missachtung. Gerade im Leben nach dem Heimaufenthalt bzw. der Beendigung der Hilfen sind diese positiven Erfahrungen, die sie gesammelt haben, auf den Alltag anzuwenden. Jetzt wissen die Kinder und Jugendlichen, dass sie das Risiko eingehen können, neue Beziehungen zu knüpfen. Voraussetzung hierfür ist eine kontinuierliche und beständige Beziehung zum Sozialpädagogen.

5.2 Der Beziehungsaufbau im Praxisbezug[3]

„ Sie sind doch sowieso nicht lange da, wieso sollte ich auf Sie hören?"
So hören sich die Sätze der Kinder und Jugendlichen im Heim an, die ständig neue Fachkräfte vorgesetzt bekommen, auf die sie hören und mit denen sie gemeinsam arbeiten sollen. In der Realität sieht es in manchen Einrichtungen so aus, dass das Personal häufig[4] wechselt. Dazu kommen noch Zivildienstleistende, die nur einen begrenzten Zeitraum im Heim arbeiten, Schüler, Auszubildende und auch Studenten, die ein Praktikum vorweisen müssen. So vollzieht sich ein ständiger Wechsel von Personal. Insbesondere für vorgeschädigte Kinder und Jugendliche stellt dieser Wechsel eine zusätzliche Belastung dar. Zu einem Beziehungsaufbau kann es kaum kommen, da viele der Fachkräfte zu kurz in der Gruppe arbeiten. Das Bewusstsein, dass der Beziehungsaufbau zum Kind und Jugendlichen sehr wichtig ist und Grundlage für weiteres Handeln darstellt, geht Stück für Stück verloren. Die Kinder und Jugendlichen machen auch hier teilweise schwierige Phasen durch, die an Zeiten außerhalb der jetzigen Situation erinnern. Diese Jugendlichen, die die meiste Zeit ihres Lebens im Heim verbringen, erleben diesen Wechsel als etwas Negatives. Je öfter das Personal wechselt, desto schwieriger gestaltet sich für sie erfahrungsgemäß ein erneuter Vertrauensaufbau. So gibt es Kinder und Jugendgruppen, denen es sehr schwer fällt, eine Beziehung zum Sozialpädagogen aufzubauen. Die Kinder in diesen Gruppen sind sehr schwer zu gewinnen. Das heißt, sie sind verschlossen und lassen kaum Nähe zu. Zu dem fällt es ihnen schwer, ehrlich zu sein und offen ihre Gefühle zu zeigen.

Die Beziehungsabbrüche durch Personalfluktuation beeinträchtigen den Aufbau sozialer Beziehungen und die Entwicklung der Kinder und Jugendlichen negativ. (vgl. Ebeling, 2004 S. 68) Die Erreichbarkeit wichtiger Bezugspersonen kann somit nicht mehr gewährleistet werden. Es können Persönlichkeitsstörungen in Form von Beziehungsunfähigkeit und Aggressivität auftreten. Somit hat die Heimerziehung ihre Aufgabe nur bedingt erfüllen können, denn die daraus entstandenen Probleme belasten die Familie des Betroffenen und machen eine Rückführung in diese nur schwer möglich. (vgl. Ebeling, 2004 S. 68) Neue Fachkräfte, Praktikanten, Auszubildende werden meist mit der Frage begrüßt „Wie lange bleiben sie überhaupt?" Egal welche Antwort darauf folgt, Unsicherheit bei den Kindern und Jugendlichen bleibt immer. Gerade die Ängste, die es gilt abzubauen um Vertrauen aufzubauen, werden größer und lassen kaum Erreichbarkeit zu. In solchen Fällen haben es die

---

[3] Die Gliederungspunkte 2. bis 5.2 wurden in abgeänderter Form aus dem Reflexionsbericht (Bernkurth, 2006, 2.-3. 3.2 – 4., 5. – 5.2) entnommen.
[4] Ein häufiger bzw. ständiger Personalwechsel wird hier als ein Wechsel der mindestens in einem halbjährlichen Rhythmus vollzogen wird, verstanden.

neuen Fachkräfte sehr schwer und es besteht meist nur eine geringe Chance, zum Kind durchzudringen. Dies bedarf einer sehr langen Zeit, die meist gar nicht gegeben ist, da Heutzutage aus Gründen von Kosteneinsparungen, befristete Arbeitsverträge mit den Fachkräften vereinbart werden. Meist sind die Mitarbeiter/innen nur eine begrenzte Zeit im Heim angestellt. Durch den Wechsel und das Vorhandensein befristeter Arbeitsverträge, können die Kinder und Jugendlichen immer wieder von neuem desillusioniert werden. Mittels der immer wiederkehrenden Enttäuschungen verfestigen sich die alt hergebrachten Beziehungsmuster und lassen für die Zukunft kaum Veränderungen zu. Damit ist gemeint, dass gerade die Bindungsstörungen, die von zu Hause ausgingen und teilweise Grund für die Heimaufnahme waren, verschlimmert werden können. Die Beziehungsmuster, die die Kinder von zu Hause mitgebracht haben, werden nun noch unterstützt. Durch den Personalwechsel wird es der Heimerziehung generell schwer gemacht, die Ziele und Aufgaben, die sie hat, zu erfüllen. Überdies ist auffallend, dass gerade auch der Mangel an Personal, der teilweise hinzukommt, die grundlegenden Dinge der Heimerziehung auslässt. Diese Störfaktoren haben nicht nur negativen Einfluss auf die Klientel. Auch die Mitarbeiter die davon Betroffenen sind, werden stark belastet. „ In den Einrichtungen der Hilfen zur Erziehung ist das Personal ein zentraler Faktor, durch den die fach- und problemangemessene Bewältigung der vielfältigen Aufgaben entscheidend bestimmt wird" (Gragert, Pluto, van Santen & Seckinger, 2004). Mitarbeiter/innen und deren Vorgesetzte sind verantwortlich für die Qualität der Leistungen. Um diese Qualität gewährleisten zu können, ist eine ausreichende Personalstärke und gut qualifiziertes Personal erforderlich. Gegenwärtig ist dies jedoch nur bedingt gewährleistet, da bestimmte Faktoren die Mitarbeiter/innen in ihrer Tätigkeit beeinflussen können. Befristete Arbeitsverträge, die Arbeitszeit und die Personalwechsel bzw. Fluktuation, sind Größen, die sich negativ auf die Arbeit und somit auf die Klientel auswirken können.

Man ist mehr damit beschäftigt, die Arbeit zu zweit zu schaffen, die sonst mit drei Fachkräften im Dienst erledigt wird. Des Weiteren müssen die neuen Fachkräfte, unter großem Zeitaufwand, in die Arbeit eingewiesen werden. Diese Zeit fehlt zusätzlich für den Kontakt zum Kind. Dabei ist noch lange kein Ende abzusehen. Nicht nur der Mangel an Personal sowie der Personalwechsel und die befristeten Arbeitsverträge sind Störfaktoren, die die Zielerreichung und Aufgabenerfüllung der Heimerziehung beeinträchtigen können. Es kommen neue Arbeitsanweisungen, Arbeitszeiten und andere Faktoren hinzu. Diese Bedingungen können die Mitarbeiter der (voll)stationären Erziehungshilfe sehr belasten und somit die Beziehungsarbeit, welche die Grundlage der Heimerziehung darstellt, stark beeinträchtigen. Gerade hier sollte überprüft werden, ob der Personalwechsel reguliert werden kann, indem man qualifiziertes Fachpersonal einstellt und versucht in jeder Heimgruppe ein beständiges Erzieherteam zur Verfügung zu stellen. Um die oben benannte Qualität der Leistungen zu sichern ist es wichtig die Probleme rechtzeitig zu erkennen und zu bearbeiten bzw. zu beseitigen. Vorerst sollte jedoch ein Verständnis von Qualität in der sozialen Arbeit entwickelt werden.

6. Qualität als wichtiger Bestandteil der Heimerziehung

6.1 Qualität in der sozialen Arbeit

Im Bereich der Erziehungshilfen spielt Qualität eine große Rolle, welche verschiedenen definiert werden kann. Bei diesen Definitionsansätzen werden fünf Qualitätsbegriffe unterschieden. Hier wird vom produktbezogenen, absoluten, wertorientierten, kundenbezogenen und herstellerorientierten Qualitätsbegriff gesprochen.(vgl. Ebeling, 2004,S 20)

„Der produktbezogene Qualitätsbegriff beschreibt Qualität als Niveau oder Summe vorhandener Eigenschaften von Dienstleistungen mittels Messung objektiver Kriterien. Mit dem absoluten Qualitätsbegriff wird Qualität als allgemeines Maß für die Güte einer Dienstleistung bezeichnet. Beim wertorientierten Qualitätsbegriff entspricht Qualität dem Urteil des Kunden, ob eine Leistung ihren Preis wert ist. Qualität als Wahrnehmung der Leistung durch den Kunden nach dessen subjektiven Kriterien, definiert den kundenbezogenen Qualitätsbegriff. Beim herstellerorientierten Qualitätsbegriff schließlich, gibt der Leistungsanbieter bestimmte Qualitätsstandards als Maß für die Qualitätskontrolle vor" (Ebeling, 2004, S.20).

Das heißt, dass Qualität die Summe von positiven Eigenschaften und Merkmalen einer Tätigkeit ist, die sich auf die Eignung und den Erfolg der gegebenen Erfordernisse bezieht. Es können drei Dimensionen einer Überprüfung von Qualität benannt werden. Hierein fließen die Strukturen einer Einrichtung, die Erfolge für die Klienten und dem Fachpersonal und die Prozessmodifikation. Die Struktur einer Einrichtung ist hier die so genannte Strukturqualität. Hierunter versteht man allgemeine und längerfristige Rahmenbedingungen einer Einrichtung, unter denen sie ihre Leistungen erbringen. Merkmale der Strukturqualität beinhalten Kriterien und Standards. So stellen die Mitarbeiterstruktur und - qualifikation inklusive Maßnahmen der Personalentwicklung, Fortbildungen und Supervisionen Beispiele dafür dar. Auch die Struktur und Problemlage der Zielgruppen, das heißt, der Kinder und Jugendlichen und ihrer Eltern, geraten hierbei in den Blickwinkel einer jeden Einrichtung. (vgl. Ebeling, 2004, S. 72) Als zweite Dimension spricht man von der Prozessqualität. Diese umfasst alle Handlungen zwischen dem Leistungserbringern (Jugendamt und Einrichtung). Dabei wird die Kooperation untereinander als Sekundärprozess der Prozessqualität angesehen. (vgl. Müller, 2006, S. 144)

Unter anderem verkörpert die Prozessqualität ein tragfähiges und verlässliches Betreuungssetting als Standard fachlichen Handelns. Dieses Betreuungssetting ist zugleich einer der einflussreichsten Wirkfaktoren für den Erfolg der Heimerziehung im Einzelfall. (vgl. Ebeling, R. 2004, S. 72) „Sie beinhaltet die Qualität der Interaktion mit dem Kunden in Form von Kooperation, Kommunikation und Partizipation, der Konzeptumsetzung und Fachlichkeit, der Rahmenbedingungen der Erziehung, des Ablaufs der Leistungen sowie deren Transparenz" (Ebeling, 2004, S.22). Primärziele der Prozessqualität liegen in der Erreichung der schon erwähnten Ziele der Heimerziehung. Zu diesen Primärzielen gehören die Beteiligung von Kindern und Jugendlichen im Hilfeprozess, das Aufrechterhalten, verbessern und Klären der Beziehungen zu den Eltern sowie die Individualität und Flexibilität des Erziehungsgeschehens. Dazu zählen unter anderem der Beziehungsaufbau, die Hilfeplanung und Erziehungsplanung, die Alltagsgestaltung, die schulisch-berufliche Förderung und andere Faktoren. (vgl. Ebeling, 2004,S.22) Im Fall der Heimerziehung sind der Beziehungsaufbau, die Betreuung der Kinder und Jugendlichen sowie das gemeinsame Erarbeiten verschiedener Ziele und deren Erreichung, Beispiele für Leistungen, die durch die Einrichtung erbracht werden. Vertreter und Leistungserbringer dieser Einrichtungen sind hier die pädagogischen Fachkräfte. Das gemeinsame Arbeiten kann hier nur gelingen, indem Fachkräfte und Klienten in Interaktion miteinander stehen. Auf dem Fundament positiver, individueller Beziehungen stellen die Gestaltung und Bewältigung alltäglicher Situationen und Routinen, die sich in Form von Regelungen und Ritualen zeigen, zentrale Qualitätskriterien der Heimerziehung dar. (vgl. Ebeling, 2004, S. 80) Die Qualität der Prozesse innerhalb der Heimerziehung kann am besten mit den Mitarbeitern analysiert, optimiert und dokumentiert werden. Dies kann mit Hilfe verschiedener Möglichkeiten festgehalten werden. Zur optimalen Koordination werden gruppenübergreifende Verfahrensrichtlinien festgelegt, die je Prozessablauf Anstoß, Hilfsmittel und Ziele, sowie Beteiligte, Verantwortlichkeiten, Schnittstellen und Kundenkontakte benennen. Somit kann durch Verbindlichkeiten und einer guten Transparenz der Arbeit und aller Prozesse eine optimale Zusammenarbeit, ein pädagogisch einheitliches Vorgehen und damit Kontinuität im Betreuungsprozess gewährleistet werden. (vgl. Ebeling, 2004, S.23)

Diese Prozessqualität ist eine notwendige Voraussetzung für die Ergebnisqualität und somit für die dritte Dimension. „Ergebnisqualität umfasst sämtliche Resultate, Erfolge und Wirkungen sowie Misserfolge und Nebenwirkungen interner Abläufe und Aktivitäten" (Ebeling, 2004, S.24). Das Erreichen der bei der Hilfeplanung definierten Ziele und die Erkenntnis darüber sind Beispiele für die Ergebnisqualität.

Im Bereich der Heimerziehung wird hier das Augenmerk besonders auf die Zufriedenheit und die Zielerreichung im Bezug auf die Kinder, Jugendlichen und ihre Eltern gelegt. (vgl. Müller, 2006, S. 144) Des Weiteren sind die Zufriedenheit der Mitarbeiter und die Wirtschaftlichkeit ergebnisqualitativer Aspekte von Bedeutung. Diese Einhaltung und Erreichung der Aspekte sind für die Jugendämter kostensparend und für die Klientel eine gute Voraussetzung zur Verbesserung ihrer Gesamtauffälligkeit. (vgl. Ebeling, 2004, S.24) Um die finanziellen Mittel aufbringen zu können, die für den Leistungserbringer anfallen, werden gegenwärtig oft Vereinbarungen mit den öffentlichen Trägern geschlossen. Diese übernehmen einen Teil der Kosten und entlasten somit den freien Träger bei ihren finanziellen Gegebenheiten. So entsteht ein Geben und Nehmen. Diese Vereinbarungen sind jedoch an bestimmte Voraussetzungen gebunden.

6.2 Gründe für die Qualitätsentwicklung in der Heimerziehung

Am 01.01.1999 wurde das KJHG erneuert. Der Gesetzgeber verpflichtete hier den öffentlichen Jugendhilfeträger (Jugendamt u. a.) nach Paragraph 78b zu einer Entgeltübernahme gegenüber einer leistungserbringenden Einrichtung (freier Träger). Somit ist in der Jugendhilfe ein Anfang bezüglich der Qualitätsmaßstäbe gemacht worden. Auch die Erziehungshilfe muss sich daran orientieren. Voraussetzung hierfür ist der Abschluss einer Qualitätssicherungsvereinbarung mit dem öffentlichen Träger. In dieser Vereinbarung sind Grundsätze und Maßstäbe für die Bewertung der Qualität der Leistungsangebote sowie über geeignete Maßnahmen ihrer Gewährleistung enthalten. (vgl. Ebeling, 2004, S.27)
"Im KJHG akzentuiert Qualitätssicherung, die Herstellung von Qualität als eine kontinuierlich zu betreibende Entwicklungsaufgabe. […] Qualität kennzeichnet den prozesshaften Charakter der auf Definition, Überprüfung und Verbesserung von Qualität ausgerichteten Aktivitäten in der sozialen Arbeit" (Merchel, 2002, S.753).
Für die Kinder- und Jugendhilfe ist seit Inkrafttreten des Kinder- und Jugendhilfegesetzes die Position der freien Träger an verschiedenen Stellen des KJHG beschrieben. Ihnen kommt im Rahmen der Pluralität des Angebotes und der Wunsch- und Wahlfreiheit der Adressaten (Klienten) hohes Gewicht zu. Auch das Verhältnis zwischen dem staatlichen und den freien Trägern ist deutlich definiert. (vgl. Rose, 1996. Heft 61)

„Die öffentliche Jugendhilfe soll mit der freien Jugendhilfe zum Wohl junger Menschen und ihrer Familien partnerschaftlich zusammenarbeiten. Sie hat dabei die Selbständigkeit der freien Jugendhilfe in Zielsetzung und Durchführung ihrer Aufgaben, sowie in der Gestaltung ihrer Organisationsstruktur zu achten" (Stascheit, 2005, S. 1033 § 4, Abs. 1 KJHG).

Der Zweck dieser Vereinbarungen liegt darin, Plansicherheit zu ermöglichen, die Eigenverantwortung und Vielfalt der freien Träger zu stärken und gleichzeitig den Wettbewerb zwischen unterschiedlichen Anbietern im sozialen Bereich zu fördern. (vgl. Falterbaum, 2007,S. 145) Wer heute Sozialleistungen in Anspruch nehmen will, kann zwischen vielen Anbietern wählen. Entscheidet sich der Leistungsberechtigte für einen freien Träger, so schließt er mit diesem einen privatrechtlichen Vertrag ab. Der freie Träger kann frei entscheiden ob und in welchem Rahmen er Leistungen erbringt. Die Beteiligten können gemeinsam mit dem freien Träger Art, Umfang und den Preis der Leistung aushandeln. Im Unterschied zu freien Trägern, ist der öffentlich- rechtliche Leistungserbringer dazu verpflichtet, die Versorgung der Bürger mit gesetzlich vorgeschriebenen Sozialleistungen zu gewähren. Die privatrechtliche Vertragsfreiheit zwischen dem Leistungsberechtigten und dem freien Träger kann modifiziert werden, indem der freie Träger mit dem öffentlichen Träger Verbindlichkeiten eingeht. Augenblicklich ist dies, wie oben erwähnt, aus finanziellen Gründen meist der Fall. Oft geschieht dies in Form von Leistungsvereinbarungen. Auf ihrer Grundlage erhalten die freien Träger einen erheblichen Umfang von öffentlichen Mitteln. (vgl. Falterbaum, 2007, S. 139)

Demzufolge werden die öffentlichen Träger, wie schon erwähnt, bei der Erbringung von Sozialleistungen erheblich entlastet, da die freien Träger die Leistungen erbringen. Die Qualitätsvereinbarung ist nach Paragraph 78e zwischen der Einrichtung und dem örtlichen Jugendhilfeträger auszuhandeln. Über den Inhalt schließen die kommunalen Spitzenverbände auf Landesebene mit den Verbänden der freien Träger der Jugendhilfe Rahmenverträge nach § 78 f ab. (vgl. Ebeling, 2004,S.26)

Die Einrichtung (freier Träger) benennt hier ihre Ziele nach fachlichen Maßstäben unter Berücksichtigung von Kundenerwartungen[5]. Das heißt, die Leistungen, die der freie Träger bereit ist zu erbringen, stehen im Mittelpunkt. Hierzu gehören auch gewisse Pflichten und Vereinbarungen (Bereitstellung einer gewissen Anzahl freier Plätze), an die sich der freie Träger halten muss. Um dennoch eine Kontrolle des öffentlichen Trägers zu vermeiden, hat sich weitgehend eine Evaluierung durch unabhängige Zertifizierungsstellen durchgesetzt (DIN und ISO Normen). (vgl. Ebeling, 2004,S.29)

Die Bereitstellung der finanziellen Mittel kommt jedoch erst zustande, wenn die Leistung in vollen Umfang erbracht worden ist. (vgl. Falterbaum, 2007,S.146)

---

[5] Kundenerwartung ist die Erwartung auf Seiten der Klienten bzw. Betroffenen sowie deren Angehörige, die im Hilfeprozess mit beteiligt sind

Da die öffentlichen Träger jedoch frei entscheiden können, welche freien Träger sie bei ihrer Arbeit finanziell unterstützen, gibt sich jede freie Trägerschaft große Mühe ein ordentliches Preis - Leistungsverhältnis zu erstellen. Die freien Träger sind daher um eine qualitative Arbeit ersucht. Somit wird die Vielfältigkeit, Qualität und Wettbewerbsfähigkeit der freien Träger gewährleistet. Zusätzlich zu den inhaltlich festgemachten Punkten sollten Mess- und Analyseergebnisse, die intern erhoben worden sind, in einem Qualitätsdiskurs eingebracht werden. Somit wird ein strukturiertes, zielorientiertes, innovatives sowie pädagogisches Handeln der Mitarbeiter ermöglicht. Wie schon erwähnt, spielen die Mitarbeiter/innen eine wichtige Rolle im Bereich der Qualitätsmessung im Unternehmen. Daher ist es auch von Nöten, die Mitarbeiter in ihrer Arbeit durch Annerkennung und Beachtung ihrer Leistung zu motivieren und zu unterstützen. Durch das Sichtbarmachen von Erfolgen, welches durch die Qualitätsentwicklung sichergestellt wird, werden die Mitarbeiter/innen motiviert und fühlen sich vom Unternehmen gebraucht. (vgl. Ebeling, 2004,S.28)

Die Qualitätsentwicklung hat zudem Transparenz von Strukturen, Prozessen, Ergebnissen und somit höhere Verbindlichkeiten und Sicherheitsgefühl im Unternehmen zur Folge. Die Zufriedenheit und Motivation der Mitarbeiter kann zu guten Ergebnissen führen und sich auf die Erfolge und Zufriedenheit der Kunden (Klienten) auswirken. Im Bereich der Heimerziehung liegt der Erfolg, im Erreichen gestellter Ziele und in der Zufriedenheit der Klienten sowie der Fachkräfte. Erfolge und Transparenz des pädagogischen Handelns können nur durch die Qualitätsentwicklung und festgelegter Verbindlichkeiten im Gesetz sichtbar gemacht werden. (vgl. Post, 2002, S. 203)

Durch zufriedene Mitarbeiter können die Bedürfnisse und Erwartungen von den Kunden ermittelt und zusammengeführt werden, um somit den Anforderungen der Auftraggeber gerecht zu werden. Hiernach muss sich die Qualität in der Jugendhilfe vorrangig am Erziehungsbedarf des jungen Menschen orientieren. (vgl. Post, 2002, S. 203)

Vertrauen und aufbauende Beziehungen müssen gepflegt und die Kunden (Klienten) mit in den Auswertungsprozess eingebunden werden, damit eine größtmögliche Zufriedenheit erreicht werden kann. Diese Beteiligung der Kunden ist möglich durch die Auswertung von Beschwerden, Vorschlägen oder Gewichtungen bei Befragungen. Hinzu kommen fachliche und gesetzliche Vorgaben sowie der Vergleich mit anderen Organisationen bzw. Unternehmen. Durch diese Zusammenführung kann die Organisation ihre Ziele festlegen und den Bedürfnissen der Kunden entsprechen. Somit machen sich vor allem die freien Träger interessant und die Wahrscheinlichkeit einer finanziellen Unterstützung durch die öffentlichen Träger kann gewährleistet werden.

6.3 Die drei Eckpunkte nach dem Kinder- und Jugendbericht

„Allgemeine Ziele, Strukturmaximen und Leitvorstellungen der Jugendhilfe und der Heimerziehung stellen als gesetzliche, politische, ethische und fachliche Handlungs- und Wirkungsziele einen verbindlichen Rahmen sowohl für die Entwicklung von Leistungen und deren Qualität, als auch für deren Bewertung dar"(Ebeling, 2004, S.39).

Hierbei gibt es drei wichtige Eckpunkte, die der 11. Kinder- und Jugendbericht beschreibt.

So arbeiten die Jugendhilfe und deren Einrichtungen lebensweltorientiert. Das heißt, sie wenden sich konsequent den Lebenslagen und Lebensverhältnissen der Klienten zu und wollen ihre Teilhabemöglichkeit und Eigenverantwortung stärken, indem sie gemeinsam an den Veränderungsprozessen arbeiten. Als zweiter Eckpunkt wird die Dienstleistungsorientierung fokussiert. Die Interaktion zwischen den Fachkräften und deren Klienten rückt in das Blickfeld. Partizipation an allen wichtigen Entscheidungen kann somit sichergestellt werden. Der dritte Eckpunkt tritt in Form von Professionalität auf. (vgl. Ebeling, 2004,S. 40)

Diese Professionalität muss gezielt erworben und erlernt werden, um einen „…kompetenten Umgang mit komplexen […]Anforderungen" zu gewährleisten und Kompetenz für fachliches Handeln entwickeln zu können. (BMFSFJ, 2002, S.63f)

Das KJHG benennt weitere allgemeine Ziele, die im oberen Teil schon angeführt worden sind. Um diese Eckpunkte zu gewährleisten ist immer wieder der Blick auf die Einrichtung und ihr Personal zu lenken, denn sie stellen die Basis für das pädagogische Handeln dar.

6.4 Personalwesen und interne Vernetzung

Wie schon mehrmals angeführt, sind die Mitarbeiter einer Einrichtung die entscheidende Ressource. Sie sind wichtig für die Bewältigung aller Aufgaben in der Einrichtung und tragen als entscheidender Faktor zur Qualitätsmessung bei. Sie stellen das so genannte Bild der Einrichtung dar, da der Kunde in erster Linie durch die Mitarbeiter/innen Kontakt zur Einrichtung aufnimmt.

„Die Orientierung an den Mitarbeitern als strukturqualitativer Faktor in Form der Qualifikation, Qualifizierung, Teamarbeit und internen Vernetzung gewinnt vor diesem Hintergrund große Bedeutung und zielt auf ein fachlich fundiertes Handeln und Selbstverständnis sowie Motivation und Zufriedenheit. Denn je reflexiver sich die Mitarbeiter mit dem Interaktionsgeschehen beschäftigen und je zufriedener sie sind, desto besser, wirksamer und zielgerichteter ist ihre Arbeit mit dem Kunden" (Ebeling, 2004,S. 48).

Nach dem Fundament der Personalbestandsanalyse ist zunächst der Mitarbeiterbestand hinsichtlich der Anzahl und der Qualifikation der Mitarbeiter/innen zu überprüfen. Der Ausbildungsabschluss, die Berufserfahrung, Einrichtungszugehörigkeit sowie deren zusätzliche Eignungen ist Maßstab für die Ermittlung der Qualifikation. Hierzu kommen Aussagen über das Alter, Geschlecht der Mitarbeiter/innen, die Entlohnung, das eigentliche Beschäftigungsverhältnis, welches die Aspekte der Befristung und der Wochenarbeitszeit mit einschließt. Diese Angaben sind oft im Bereich der Kinder- und Jugendhilfestatistik für die Kostenkalkulation im Rahmen der Entgeltvereinbarungen zu erfassen. Durch die Angaben kann sich die Einrichtung selbst ein Bild machen und ihre Vorstellungen für zukünftige Stellenbeschreibungen klar konkretisieren. Um die Mitarbeiter/innen immer auf dem neusten Stand zu halten und ihnen die bestmögliche Qualifikation zu ermöglichen, sollte jede Einrichtung Fort- und Weiterbildungen anbieten. Daraus ergibt sich eine Weiterqualifizierung, die zu mehr Handlungssicherheit und qualifizierter Leistung beiträgt. Hieraus kann eine positive Einflussnahme auf die Entwicklung des Jugendlichen erfolgen, welche sich somit als zentrales Element der Qualitätsentwicklung herauskristallisieren kann. (vgl. Ebeling, 2004, S. 48f.) Die Zufriedenheit und Motivation der Mitarbeiter lässt sich an Indikatoren, wie Fluktuation, freiwilligen Überstunden, krankheitsbedingten Fehlzeiten, Anzahl der Beschwerden und anderen Faktoren, festmachen. Diese Faktoren sollten in regelmäßigen Abständen überprüft werden um eine kontinuierliche und stabile Bindung und Unterstützung des Klienten gewährleisten zu können. (vgl. Blandow, 1999, S.118)

Gerade die Personalfluktuation, der Krankenstand des Personals, die Dienstplangestaltung sowie die Betreuungsdichte in kritischen Tagesstunden treffen Aussagen darüber, inwieweit eine kontinuierliche Chance zur Beziehungsaufnahme zu den Pädagogen auf Seiten der Klienten gesichert werden kann. (vgl. Blandow, 1999, S.118)

„ Das Vorhandensein eines Bezugserziehersystems; die Zufriedenheit des Personals; darüber, wie Wechsel gestaltet werden, welche die Kinder innerhalb der Einrichtung oder zwischen Einrichtungen hinnehmen müssen; trifft schließlich Aussagen darüber, ob und wie ihnen Exklusivität in Beziehungen garantiert wird und ob sie beispielsweise ihren Bezugserzieher selbst wählen können" (Blandow, 1999, S. 118).

Diese Überprüfung fließt mit in die Qualitätsbeschreibungen der Einrichtungen ein. Qualitätsbeschreibungen sollten danach beurteilt werden, was und wie sie über den Alltag berichten. Sie sollten sichtbar machen, inwieweit die pädagogischen Fachkräfte an ihrer Arbeit interessiert sind und ob ihnen die Arbeit Spaß bringt. Ganz wichtig und im Vordergrund stehend sind die Kinder und Jugendlichen. Mit Hilfe der Qualitätsbeschreibung will man herausfinden, ob die Kinder und Jugendlichen vom Sozialpädagogen gemocht und angenommen werden. In den Einrichtungen wo diese Faktoren sichtbar gemacht werden können, liegt Partizipation und die daraus entstehende Qualität vor. (vgl. Blandow, 1999, S. 119f.)

6.4.1 Partizipation von Kindern und Jugendlichen in der Heimerziehung

Partizipation von Kindern und Jugendlichen im Bereich der Heimerziehung, stellt unter anderem ein Qualitätsmerkmal dar und kann als Teilhabe am Hilfeprozess verstanden werden. Durch das Vorleben und Erleben sozialen Umgangs in Form von Gerechtigkeit, Solidarität, Pluralität, Toleranz und Vertrauen ermöglicht man der Klientel ein positives soziales Lernen. Dies stellt die Grundlage einer Persönlichkeitsentwicklung dar, die sich in Eigenverantwortlichkeit, Selbstkontrolle und einer angemessenen Interessensumsetzung äußert. Die Anwesenheit der Jugendlichen bei der Durchführung sowie Planung und Umsetzung der Hilfen ist von großer Bedeutung und soll der Ressourceorientierung dienen. (vgl. Ebeling, 2004,S. 51f.) „Die Ressourcen der Familien sollen erkannt, auf ihnen aufgebaut werden. [...] Dies beinhaltet den Anspruch an die Fachkräfte, diese Ressourcen zu suchen und zu erkennen" (Günder, 2007, S.222).

Die Ressourcenorientierung basiert wiederum auf der Grundlage des engen Arbeitsverhältnisses zwischen Fachkraft und Klienten. Es muss eine gewisse „Partizipationskultur" vorherrschen um eine qualitative Heimerziehung erreichen zu können. Das heißt, die eigenen Motive und die Erwartungen, die der Sozialpädagoge an sich selbst und die Jugendlichen an ihn richten, müssen klar formuliert sein. Hierzu sollten Regeln des Zusammenlebens im Heim aufgestellt werden, an die sich jeder zu halten hat. Beispiele hierfür wären Vereinbarungen darüber, wie konkrete Erziehungsziele, die im Hilfeplan festgelegt wurden, erreicht werden sollen oder Vereinbarungen darüber, wie innerhalb der Einrichtung mit Konflikten umgegangen wird. Hierzu gibt es viele Dinge die durch ein kommunikatives Verhältnis zwischen Klienten und Sozialpädagogen vermittelt werden können. Gerade am Beispiel des Hilfeplanverfahrens wird erkenntlich, dass eine umfangreiche Partizipation gewährleistet werden muss. Nur so kann das Förderlichste für den Klienten ermittelt und auf den Punkt gebracht werden. Die Berücksichtigung der Bedürfnisse, die Einsicht und die Zustimmung der Klienten sind Grundlage einer erfolgreichen Hilfe. Um einen Erfolg zu erzielen ist nicht nur der Blick auf den Klienten von Nöten, sondern auch der Blick auf den Mitarbeiter bzw. der pädagogischen Fachkraft, die durch ein beständiges, kontinuierliches und lang anhaltendes Handeln versucht zu helfen. Dies kann nur geschehen, wenn die pädagogische Fachkraft als Person mit all ihren Kompetenzen, Erfahrungen, Fähigkeiten und Bereitsein, Hilfe zu gewähren und zu erbringen, betrachtet wird. Diese Eigenschaften dürfen für eine qualitative und erfolgreiche Heimerziehung nicht außer Acht gelassen werden.

6.4.2 Qualität als Erfolgsmaßstab

„Im Rahmen der Hilfeplanung sind für die Realisierung der Interessen und Ansprüche junger Menschen Verfahren notwendig, die einen hohen Anspruch an die soziale, fachliche und kommunikative Kompetenz, an die Reflexionsbereitschaft, sowie an die Bereitschaft sich einzulassen, aller Beteiligten stellen" (Ebeling, 2003, S. 67).

Dies ist schon im Rahmen des Aufgabenbereichs der Sozialpädagogen angedeutet wurden und ist hier noch einmal als unterstützender Nachweiß aufzuzeigen. So lange die grundlegenden Standards, die im KJHG als rechtliche Rahmenbedingungen formuliert sind und die Standards, die durch den öffentlichen sowie freien Träger initiiert worden sind, eingehalten werden, können die Chancen für eine gelingende Hilfe ansteigen.

„Die Orientierung und Optimierung von Qualitätsmerkmalen und –prozessen, soll die Kinder und Jugendlichen durch günstige Erziehung und Sozialisation zu mündigen Menschen werden lassen" (Günder, 2007, S. 115).

Dies kann jedoch nur geschehen, wenn sich die pädagogischen Fachkräfte weiterentwickeln und sich die neuen sowie ständig reformierten Rahmenbedingungen und Richtlinien zu Eigen machen. Die berufliche Identifikation der Fachkräfte im Heim ist von den bisher erlernten, übernommenen und selbst entwickelten Haltungen die sie verinnerlicht haben abhängig. Das Erlernte, Übernommene und selbst entwickelte Handeln muss nun erfolgreich in den beruflichen Prozess eingebracht werden. Hierbei zahlt sich fachliches Handeln bzw. Professionalität permanent aus. Dieses fachliche Handeln und das gemeinsame Arbeiten mit dem Klienten sowie der Beziehungsaufbau sind jedoch von vielen Faktoren, welche die Zielerreichung und Aufgabenerfüllung der Heimerziehung negativ beeinträchtigen kann, bestimmt. Das beginnt damit, dass verinnerlichte Erziehungshaltungen und Normen der Heimerziehung von den Mitarbeitern nicht anerkannt werden. Ab und an kommt es auch vor, dass die angewandten pädagogischen Haltungen und Wertmaßstäbe bei den Kindern und Jugendlichen im Heim keinen versprechenden Erfolg erzielen. In diesem Fall sind die Rahmenbedingungen und Richtlinien, die verinnerlicht werden, kein wirksamer Faktor, der zu beruflichen Erfolgen führt. Kinder verändern sich somit nicht zum Positiven und können ihre selbst gesetzten Ziele nicht erreichen. Demzufolge sind auch die pädagogischen Fachkräfte betroffen, da ihre Arbeit mit dem Klienten keinen Fortschritt erzielt. Die pädagogischen

Erfolge in der Heimerziehung sind zudem wesentlich von der beruflichen Zufriedenheit abhängig. (vgl. Günder, 2007, S. 116) Befristete Arbeitsverträge, die Arbeitszeiten und der Wechsel von Personal innerhalb der Einrichtung sowie die daraus entstehende Personalfluktuationen, sind vier Einflussgrößen, die sich auf die Zufriedenheit der Mitarbeiter/innen niederschlagen und letztendlich die Arbeit mit dem Klienten beeinträchtigen können. Um die Qualität die aus den oben benannten Gründen zu sichern, müssen die Einflussfaktoren, welche die Zielerreichung und Aufgabenerfüllung der Heimerziehung negativ beeinträchtigen, beseitigt bzw. minimiert werden.

7. Störfaktoren, die eine erfolgreiche Heimerziehung beeinträchtigen können

Es wäre völlig verfehlt, wenn man die Mitarbeiter im Bezug auf den Erfolg in der Heimerziehung unberücksichtigt lassen würde. Gerade die Auswirkungen arbeitsorganisatorischer Rahmenbedingungen können die Gesamtziele und – aufgaben der Institution beschränken. Vor allem kann dies negativen Einfluss auf die Verantwortung für die Erziehung und Entwicklung der Kinder haben. (vgl. Günther & Bergler, 1992, S. 63) Aus diesen Gründen, müssen die Arbeitsvoraussetzungen und –belastungen von Mitarbeitern in den einzelnen Einrichtungen der stationären Jugendhilfe, berücksichtigt werden. Die Folgen können einen immensen Schaden anrichten und die Zielerreichung sowie Aufgabenerfüllung der Heimerziehung beeinträchtigen.

7.1 Befristete Arbeitsverträge

Seit 01.01.2001 gilt für befristete Arbeitsverhältnisse[6] einheitlich das Teilzeit- und Befristungsgesetz (TzBfG). Die Befristung eines Arbeitsvertrages[7] muss hiernach stets schriftlich vereinbart sein und ist zulässig, wenn hierfür ein sachlicher Grund vorliegt. Nach Paragraph 3 TzBfG ist derjenige ein befristet beschäftigter Arbeitnehmer, der einen Arbeitsvertrag auf bestimmte Zeit mit dem Arbeitgeber abgeschlossen hat. Dieser befristete Arbeitsvertrag liegt also vor, wenn seine Dauer kalendermäßig bestimmt ist oder sich aus Art, Zweck oder Beschaffenheit der Arbeitsleistung ergibt. Im Paragraphen 4 des Teilzeit- und Befristungsgesetzes ist die Gleichbehandlung zwischen den unbefristet und befristet angestellten Arbeitnehmern geregelt. Weitere Paragraphen treffen Aussagen über die Zulässigkeit der Befristung, die Beendigung sowie die Informationspflicht des Arbeitgebers gegenüber seiner Angestellten (geregelt in den §§14 bis 23 TzBfG). Diese befristeten Arbeitsverträge werden demnach nicht nur vom Arbeitgeber bestimmt, sondern auch vom Gesetz. (vgl. Beck-Texte, 2007, S. 80f.) Ziel dieses Teilzeit- und Befristungsgesetzes ist es, Voraussetzungen für die Zuverlässigkeit befristeter Arbeitsverträge festzulegen und die Diskriminierung befristet beschäftigter Arbeitnehmer zu verhindern. Viele soziale

---

[6] „Rechtsverhältnis, das zwischen dem einzelnen Arbeitgeber und Arbeitnehmer aufgrund des Arbeitsvertrages entsteht" (Deutscher Verein der privaten und öffentl. Fürsorge, 2002, S.67)

[7] Privatrechtlicher, gegenseitiger Vertrag, in dem sich der Arbeitnehmer zur Leistung von Diensten gegen Vergütung verpflichtet " (Deutscher Verein der privaten und öffentl. Fürsorge, 2002, S.67)

Einrichtungen sehen so einen Vorteil in befristen Arbeitsverträgen. (vgl. Beck-Texte, 2007, S. 80f.)

7.1.1 Gründe für befristete Arbeitsverträge

Für die Unternehmen, Einrichtungen bzw. Betriebe ergibt sich aus den befristeten Arbeitsverträgen ein betriebswirtschaftlicher Nutzen, da sie ein geringeres Risiko eingehen müssen. Für die Einrichtung bedeutet dies, dass das fest angestellte Personal in Zeiten von Einsparungen nicht gekündigt werden muss, da es immer Mitarbeiter/innen gibt, die zu bestimmten Zeitpunkten die Einrichtung verlassen müssen, denn so sieht es der befristete Arbeitsvertrag vor. Des Weiteren gibt die Möglichkeit der Befristung von Arbeitsverhältnissen den Arbeitgebern bei der Personalplanung mehr Flexibilität. Diese befristeten Arbeitsverträge bergen jedoch Nachteile für die Klientel der sozialen Arbeit.

7.1.2 Folgen von befristeten Arbeitsverträgen

Gerade der (voll)stationäre Bereich ist von Nachteilen und Folgen durch befristete Arbeitsverträge geprägt. Hier kann die notwendige Kontinuität in der Beziehung zu den in der Einrichtung untergebrachten Kinder- und Jugendlichen verhindert werden. (vgl. Gragert, Pluto, van Santen & Seckinger, 2004, S.76ff.) Durch das Wissen um einen befristeten Arbeitsvertrag sind die Betroffenen oft nicht motiviert oder nicht gewillt Leistungen im vollen Umfang zu erbringen. Gerade die soziale bzw. fachliche Kompetenz, die von einem Sozialpädagogen abverlangt wird, kann oft nicht zu hundert Prozent erbracht werden. Auch die Klientel kann unter befristeten Arbeitsverträgen der Arbeitnehmer leiden, denn nicht nur die Kontinuität des Beziehungsaufbaus der zu stabilen Beziehungen zwischen Fachkraft und Kinder/Jugendlichen führt ist gefährdet, sondern auch die Zielerreichung der Klientel. Dadurch dass die Fachkräfte nur eine begrenzte Zeit für die Kinder und Jugendlichen im Heim zur Verfügung stehen, können sich das gemeinsame Erarbeiten von Zielen sowie die Erfüllung verschiedener Aufgaben als mühevoll gestalten. Ein richtiger Beziehungsaufbau, der Grundlage für eine gelingende Heimerziehung ist, dauert lange und muss beständig sein. Hierbei ist die Partizipation vom Klienten sehr wichtig. Durch die befristeten Arbeitsverträge, hat der Sozialpädagoge jedoch nur bedingt viel Zeit, gemeinsam an den Zielen zu arbeiten und einen Erfolg auf Dauer herbeizuführen. Die Kinder und Jugendlichen, die im Heim Hilfen erhalten, sind meist mehrere Jahre über dort und benötigen unentwegt die Hilfe ihres Kontakterziehers. Dies kann durch die Befristung eines Mitarbeiters im Heim nicht gewährleistet werden. Zudem ist das Arbeiten unter Zeitdruck sehr belastend und kann folglich nur begrenzt zu einem Erfolg führen. Ein Weiterer Störfaktor der die Mitarbeiter/innen stark belasten kann, liegt in der Arbeitszeitregelung der Heimarbeit.

7.2 Arbeitszeitregelungen nach dem Gesetz

Die Arbeitszeit ist die Zeit, in der ein Mensch einer Tätigkeit nachgeht, die der Sicherung des Lebensunterhalts dienen soll. Die Begrifflichkeit und Rahmenbedingungen der Arbeitszeit sind unter anderem im Gesetz geregelt. Es ist das Arbeitszeitgesetz (ArbZG), das seit dem 06.06. 1994 gilt. Dieses Gesetz wurde aus Gründen des Gesundheitsschutzes der Arbeitnehmer entwickelt. Die Sicherheit und Gesundheit der Arbeitnehmer sollen demnach bei der Arbeitszeitgestaltung gewährleistet werden und die Rahmenbedingungen für flexible Arbeitszeiten verbessern. Der Zweck sowie das Ziel des Arbeitszeitgesetzes sind im Paragraphen 1 des ArbZG näher erläutert. Im Paragraphen 2 ist die Begrifflichkeit der Arbeitszeit bestimmt. Diese ist im gesetzlichen Sinne die Zeit von Beginn bis Ende der Arbeit ohne Ruhepause. Weitere Paragraphen erläutern die Rahmenbedingungen, unter denen das Gesetz angewendet werden kann. So sind die Sonntage und anerkannten Feiertage als Tage der Arbeitsruhe und seelischer Erholungsphase festgelegt. Im Paragraphen 10 Abs. 3 des ArbZG dürfen Arbeitnehmer, die in Einrichtungen zur Betreuung von Personen arbeiten, jedoch auch am Sonn- und Feiertagen arbeiten. Ausgleich hierfür gibt der Paragraph 11 ArbZG. Zur Kontrolle der Gesetzeseinhaltungen dienen die Arbeitszeitnachweise(§16ArbZG) und die Aufsichtsbehörden (§17ArbZG). Bei Nichteinhaltung des Gesetzes können Straf- und Bußgelder verordnet werden, die in den Paragraphen 22 bis 23 ArbZG näher erläutert werden. Da im Heimbereich auch die Nachtzeit eine Rolle spielt, ist diese auch kurz zu erläutern. Die Nachtzeit gilt laut Paragraph 2 Abs. 3 ArbZG von 23 Uhr bis 6 Uhr. Sie darf nur an 48 Tagen im Kalenderjahr vom Arbeitnehmer geleistet werden. Hiernach besagt der Paragraph 6, dass die werktägliche Arbeitszeit der Nachtarbeitnehmer/innen nicht länger als acht Stunden dauern darf. (vgl. Beck – Texte, 2007, S.412ff.)
In Ausnahmefällen und unter Vorbehalt des Gesetzes[8] kann dies auf zehn Stunden verlängert werden. Im Paragraphen 3 des ArbZG heißt es, dass die normale bzw. werktägliche Arbeitszeit acht Stunden nicht überschreiten darf. Hierbei können die Arbeitsstunden auch in Ausnahmefällen auf 10 Stunden verlängert werden. Der Paragraph 4 legt die Ruhepausen fest. Bei mehr als sechs Stunden Arbeitszeit steht jedem Arbeitnehmer somit eine 30 Minuten

---

[8] Gesetzesvorbehalt heißt: Gesetzte müssen beachtet werden., keine Handlungsfreiheit, handeln nach dem Gesetz

lange Pause zu und bei neunstündiger Arbeitzeit bis zu 45 Minuten Pause. In Tarifverträgen[9] können jedoch vom Gesetz abweichende Regelungen zwischen dem Arbeitnehmer und Arbeitgeber vereinbart werden. (vgl. Beck – Texte, 2007, S.412ff.)

7.2.1 Heimspezifische Schlussfolgerungen

Freigang und Wolf schrieben: „Die Professionalisierung der Heimerziehung hat zur Folge, dass das Leben in einer Heimgruppe in einer seltsamen Weise zweigeteilt ist"
(Freigang & Wolf, 2001, S.64). Das heißt, in den Augen der Kinder ist das Heim ein Ort an dem sie Leben, und für die Mitarbeiter/innen ist es ein Arbeitsplatz. Die Mitarbeiter/innen erhalten Geld für ihre Anwesenheit im Heim.

Im Bereich der (voll)stationären Erziehungshilfe muss eine ganztägige Betreuung der Klienten gewährleistet werden. Wie schon erwähnt, sind die Kinder und Jugendlichen den ganzen Tag unter Aufsicht mehrer entsprechend zuständiger Fachkräfte. Das heißt, in der Schulzeit sind es die Lehrer und Therapeuten und im Heim sind es die Erzieher bzw. Sozialpädagogen. Auch in der Nacht muss den Kindern und Jugendlichen im Heim eine Betreuungsperson zur Seite gestellt werden. Da in einer sogenannten Heimgruppe meist ein feststehendes Erzieherteam vorhanden ist, müssen diese sich in regelmäßigen Abständen mit den Tag- und Nachtdiensten abwechseln. (vgl. Hebborn - Brass, 1991, S.33)

Auch an den Wochenenden und Feiertagen sowie in der Ferienzeit müssen die Mitarbeiter/innen der (voll)stationären Erziehungshilfe ihrer Tätigkeit in vollem Umfang nachgehen. Dies erfolgt durch das so genannte Arbeitszeitmodell in Form eines Schichtdienstes. In Kinder- und Jugendheimen wird dieses Arbeitszeitmodell unterschiedlich gehandhabt. Hierbei kommt es auf die Gruppengröße auf das dementsprechende Personal an. (vgl. Blum & Zaugg, 1999, S.38)

Im Heim gibt es zudem Tageszeiten, in denen mehr Personal vorhanden sein muss. Hierbei ist die Rede von Zeiten der Hausaufgabenbetreuung, der Freizeitbeschäftigung, Zeiten, in denen man besonders Beziehungen pflegen muss (Heimaufnahme, Erstkontakt, Krisenintervention u. a.) und Zeiten, in denen man organisatorische Dinge wahrnimmt (Arztbesuche, Einkauf, Essen kochen...). Schichtarbeitszeit bedeutet demnach die Besetzung einzelner Arbeitsplätze durch mehrere Beschäftigte während unterschiedlicher Arbeitszeiten. In der Praxis spricht man auch von flexiblen Schichtarbeitszeiten, da sie je nach Bedarf verändert werden können.

---

[9] „ Der Tarifvertrag regelt die Rechte und Pflichten der Tarifparteien und enthält Rechtsnormen, die den Inhalt, den Abschluss und die Beendigung von Arbeitsverhältnissen sowie betriebliche und betriebsverfassungsrechtliche Fragen ordnen können" (Tarifvertragsgesetz § 1 Abs. 1)

(vgl. Blum & Zaugg, 1999, S.38) Gerade der Heimbereich ist auf diese flexiblen Schichtarbeitszeiten angewiesen, da auf die Anzahl der Kinder bestimmt viele Fachkräfte gerechnet werden. Man geht von einem Mitarbeiterschlüssel von 1 zu 3 Kindern aus. Das heißt, der Heimerzieher ist für 3 Kinder zuständig, außer ein Kind erhält nach Paragraph 35 des KJHG „Intensive sozialpädagogische Einzelbetreuung". (vgl. Freigang & Wolf, 2001, S.64) In diesem Fall ist eine pädagogische Fachkraft für nur ein Kind zuständig. Auch die Heimfahrten, die durch den Hilfeplan für jedes Kind individuell geregelt werden, sagen etwas über die Personalbesetzung an den Wochenenden und Feiertagen sowie schulfreien Tagen aus. Je nach dem, wie viele Kinder die Heimfahrt antreten dürfen, wird das Personal eingesetzt. Wie man nachvollziehen kann, gestaltet sich die Arbeitszeit nicht starr und einheitlich. Diese Arbeitszeitregelungen nehmen viele Mitarbeiter/innen der sozialen Branche trotz der Belastungen in Kauf. Aufgrund der heutigen Arbeitsmarktlage und zu Zeiten der hohen Arbeitslosigkeit sind alle Arbeitnehmer auf ihre Tätigkeit angewiesen, denn sie bietet ihnen die Möglichkeit, ihr Leben finanziell abzusichern.

7.2.2 Gründe für flexible Arbeitszeitregelungen

In der Gegenwart wird Flexibilität groß geschrieben. Wer nicht flexibel ist und den Anforderungsprofil, das der Arbeitgeber vorgibt, nicht entsprechen kann, muss sich um seine Zukunft sorgen. Es kann vorkommen, dass diese Mitarbeiter/innen nicht mehr länger im Unternehmen angestellt sind.
Eine dieser Flexibilitäten liegt in der Einführung variabler Arbeitszeitmodelle.
Der Nutzen für Unternehmer liegt zum einen in der Vermeidung zuschlagspflichtiger Mehrarbeit, in der bedarfsorientierten Arbeit und in der Schaffung von Anreizen für kundenorientiertes Arbeiten. (vgl. Blum & Zaugg, 1999, S.13) Diese flexiblen sowie innovativen Arbeitszeitmodelle können unter anderem einen Beitrag zur Bewältigung der Beschäftigungsproblematik leisten. Sie helfen Entlassungen zu vermeiden, indem beispielsweise die Teilzeitarbeit eingeführt wird. Das heißt, die Stunden werden gesenkt. Somit sparen die Einrichtungen Personalkosten und der Betroffene behält seinen Arbeitsplatz. Die Entwicklung flexibler Arbeitszeiten basiert auf der Annahme, dass kürzere und innovativere Arbeitszeiten zur Lösung wirtschaftlicher und gesellschaftlicher Probleme beitragen können. Nicht nur die bisher angeführten Gründe trugen zu einer Arbeitszeitflexibilisierung bei, sondern auch die Notwendigkeit zur Erhaltung der Wettbewerbsfähigkeit der Unternehmen. Gerade diese Wettbewerbsfähigkeit ist für die Beschaffung von Fördermitteln und finanziellen Mitteln durch freie Trägerschaften von

absoluter Priorität. Wie schon angeführt finanzieren sich die Einrichtungen der freien Träger durch Gelder der öffentlichen Hand. Zudem will man mit Hilfe dieser innovativen und flexiblen Arbeitszeitmodelle den Interessen der Arbeitnehmer entgegenkommen. Die Qualität in den Einrichtungen kann hierdurch mehr gewährleistet werden. (vgl. Blum & Zaugg, 1999, S.13)

In der sozialen Arbeit und vor allem im Heimbereich bleibt dem Fachpersonal nur wenig Zeit für ein Privatleben. Hierbei soll eine Veränderung der Arbeitszeit Abhilfe schaffen. Wie schon beschrieben, sind die Rahmenbedingungen für die Arbeitszeit aller Arbeitnehmer im Gesetz festgeschrieben. Dies ist verbindlich und jeder muss sich hiernach richten. Im Bereich der Heimerziehung obliegt es dem so genannten Teamer oder Leiter der jeweiligen Kinder- und Jugendgruppe, den Dienstplan für die Mitarbeiter/innen zu gestalten. Da fast immer Kinder und Jugendliche im Heim sind, müssen die Mitarbeiter/innen effektiv über 365 Tage im Jahr eingesetzt werden. Bei guten Gruppenleitern kommt es vor, dass kleine Dienstplanwünsche der einzelnen Mitarbeiter/innen in die Dienstplangestaltung mit einbezogen werden. Dies ist sehr wichtig, da es für die Mitarbeiter/innen der (voll)stationären Erziehungshilfe keine feststehenden Tage gibt, an denen sie frei haben müssen (außer die im Gesetz vorgeschriebenen Erholungsphasen). Meist gibt es Kinder und Jugendliche die an den Wochenenden, Feiertagen oder schulfreien Tagen nicht zu ihren Eltern bzw. Pflegefamilien oder Vormund fahren können. Hierbei muss an den benannten Tagen für ausreichend Personal gesorgt sein. Der Einsatz von Personal im Heimbereich gestaltet sich jedoch oft als sehr schwierig aus den bisher genannten Gründen.

7.2.3 Praxisbezug

Es kann für die Mitarbeiter/innen der Heimerziehung oft belastend und sehr ermüdend sein, ihrer Arbeit in vollem Umfang nachzugehen. Bisher wurde meist der Soll - Zustand vom Einsatz der Mitarbeiter/innen in den Kinder- und Jugendgruppen beschrieben. In der Praxis gestaltet sich dies jedoch anders. Die Mitarbeiter/innen wechseln sich in einer Heimgruppe ständig ab. Im Normalfall ist es so, dass bei einer Gruppengröße von zwölf Kindern zwei Mitarbeiter/innen im Dienst sind. Die verbleibenden Mitarbeiter/innen haben frei, sind im Urlaub, auf Fortbildung oder bei einem Termin außerhalb des Heimes. (vgl. Freigang & Wolf, 2001, S. 65) Weiterhin sind die Arbeitszeit und der Mangel an Personal in das Blickfeld zu rücken. Trotz der verbindlichen Vorgaben des Arbeitszeitgesetzes werden die Stunden, aus benannten Gründen, anders verteilt. So kommt es vor, dass die Mitarbeiter/innen 24 bis sogar 48 Stunden durchgängig arbeiten müssen, ohne danach einen Ausgleich bzw. eine dementsprechende Erholungsphase zu erhalten. Der Dienst beginnt beispielsweise an den Wochenenden um 9.00 Uhr und endet erst am nächsten Tag um 9.00 Uhr. Während der Werktage wird dies ähnlich gehandhabt. Da die Kinder bis zum Nachmittag in der Schule unterrichtet werden, beginnt der Dienst meist erst am frühen Nachmittag, endet jedoch erst am nächsten morgen mit Schulbeginn. Es existieren somit ungünstige Rahmenbedingungen im Schichtdienst. (vgl. Günther & Bergler, 1992, S. 38) Zu den normalen Arbeitszeiten kommen die in regelmäßigen Abständen abgehaltenen Teamsitzungen, die zusätzlich bis zu zwei Stunden der Arbeitszeit beanspruchen. (vgl. Freigang & Wolf, 2001, S. 65) Durch diesen Schichtdienst beklagen viele Mitarbeiter/innen sie hätten zu wenig Zeit für die Bedürfnisse der Kinder. Oft kommt es vor, dass aus Gründen des hohen Personalmangels die Heimerzieher/innen mit vielen Kindern allein arbeiten müssen. (vgl. Günder, 2007, S. 165)

Da aus Kostengründen pro Kinder und Jugendgruppe meist noch zu wenig Personal auf die Kinder verteilt wird, ist zudem eine zusätzliche Belastung geschaffen worden. Dies führt zu Fehlzeiten, die aus motivationalen Gründen erfolgen kann. Durch zu wenig Personal müssen die Mitarbeiter/innen mehr Zeit am Arbeitsplatz verbringen, wodurch ihr Familienleben beeinträchtigt werden kann. (vgl. Günther & Bergler, 1992, S. 42ff.) Darüber hinaus werden in einigen Erziehungsheimen auch diverse Urlaubssperren vorgegeben. Das liegt daran, dass durch die ständige Anwesenheit der Kinder für ausreichend Personal gesorgt sein muss, so lange sie in die Schule gehen. Erst in den Ferien wird den Mitarbeitern die Möglichkeit eingeräumt, Urlaub zu beantragen. In dieser Zeit müssen jedoch andere Kollegen als Vertretung für sie agieren. Durch den Personalmangel und die Arbeitszeitenverteilung entstehen zusätzlich viele Überstunden beim Personal. Diese können niemals abgebaut werden, denn so würde noch weniger Personal für einen gewissen Zeitraum vor Ort sein. Zudem können Überstunden die Mitarbeiter/innen überfordern und folglich zu Stress und einem Leistungsabfall bei den Betroffenen führen. (vgl. Blum & Zaugg, 1999, S. 93) Für den Arbeitgeber heißt das, die Überstunden müssen ausgezahlt werden. In Zeiten von Kosteneinsparungen wäre dies jedoch nicht von Vorteil für die Einrichtung. Es ist ein Teufelskreislauf der unterbrochen werden muss.

7.2.4 Folgen für die Mitarbeiter/innen und daraus entstehende Schlussfolgerungen

Bisher wurde kurz von Folgen belastender Arbeitszeiten und mangelnden Personals gesprochen. Der tatsächliche Beweggrund, Kindern und Jugendlichen auf ihren Weg in ein neues und besseres Leben zu begleiten und sie dabei tatkräftig zu unterstützen, kann von unangemessenen Arbeitsbedingungen beeinträchtigt werden. Die Arbeit wird nur noch als stressig und anstrengend empfunden in der es wenige Erfolgserlebnisse gibt. Die Mitarbeiter/innen geben auch den Behörden (Jugendämter) die Schuld, da immer wiederkehrende Einsparungen zu der Misere führen. (vgl. Günder, 2007, S.165) Demnach können die allgemeinen Arbeitsbedingungen im persönlichen Tätigkeitsbereich beklagenswert sein und Folgen für die Mitarbeiter/innen und ihre Arbeit zur Klientel haben. Unter anderen Faktoren spielt die Arbeitszufriedenheit der Mitarbeiter/innen eine bemerkenswerte Rolle.

Die Arbeitszufriedenheit wird von vielen Autoren als ein Aspekt der allgemeinen Lebenszufriedenheit gesehen, welche wiederum ein etwas allgemeineres Konzept des persönlichen Wohlbefindens darstellt. Nach Neuberger und Allerbeck ist die Arbeitszufriedenheit als Einstellung zu verschiedenen Facetten der Arbeitssituation zu verstehen. Diese Einstellungen entwickelt jeder aus seinen bisher gesammelten Erfahrungen. Die ausgebildeten Einstellungen stehen im Dienste der Bedürfnisbefriedigung und werden in der Regel im Zusammenhang mit der Zufriedenheit oder Frustration aktivierter Motive erworben. (vgl. Neuberger und Allerbeck in von Rosenstil, Molt & Rüttinger, 2005, S.289)
In unserem Fall können der hohe Arbeitsaufwand, die Arbeitszeiten und der Mangel an Personal und somit die Erhöhung der eigenen Verantwortung als aktivierende Motive gelten. Diese können zu Frustrationen und Unzufriedenheit der Mitarbeiter/innen führen.
Molt, von Rosenstiel und Rüttinger sind der Ansicht, dass Unzufriedenheit zu Fluktuation führt. Für sie ist die Fluktuation die […]„intensivste Form der Abwesenheit vom Arbeitsplatz" (von Rosenstil, Molt & Rüttinger, 2005, S.298). Sie gehen soweit, zu meinen, dass weniger Unzufriedenheit zu einer geringeren Fehlzeit am Arbeitsplatz führt und starke Unzufriedenheit eine Kündigung nach sich ziehen kann. (vgl. von Rosenstil, Molt & Rüttinger, 2005, S.298). Fehlzeiten und Kündigungen des Heimpersonals können sich auf die soziale Arbeit in stationären Bereichen störend auswirken. Die Arbeit und die Erreichung des eigentlichen Ziels leiden darunter. Aus diesem Grund muss überlegt werden, welche Möglichkeiten zu einer Besserung führen können. Hierbei sollten die Interessen und Wünsche der Mitarbeiter/innen sowie die Orientierung am Kunden (Klienten) im Vordergrund stehen.
In einigen Einrichtungen wird genau aus den oben genannten Gründen eine Alternative gesucht. Um eine qualitative Arbeit zu erbringen, benötigen die Einrichtungen zufriedenes Personal. Also wird durch Einbeziehung der Mitarbeiter/innen nach Lösungen gesucht. Fehlzeiten sollen reduziert und die Beziehungsarbeit zum Klienten verbessert werden.

7.3 Personalwechsel innerhalb (voll)stationärer Einrichtungen

Um die Qualität in Unternehmen zu sichern, obliegt es den Leitern alles zu Tun die Arbeitszufriedenheit zu sichern und somit die Leistungsbereitschaft der Mitarbeiter/innen zu erhalten bzw. zu verbessern. In Mitarbeiterfreundlichen Einrichtungen wird ein zufriedenes Personal angestrebt. Dazu ist eine regelmäßige Mitarbeiterbefragung von Nöten, welche Aussagen über die derzeitige Arbeitssituation trifft. Im Ergebnis wird geschaut inwieweit Verbesserungen eingeleitet werden müssen, um das Personal zufrieden zu stellen. Hierbei übertragen einige Einrichtungen den Mitarbeitern neue Aufgaben. Die Interessen und Wünsche werden dabei berücksichtigt.

Meist wechseln die Mitarbeiter/innen dabei ihren Arbeitsplatz innerhalb der Einrichtung, um ein neues Aufgabenfeld kennen zu lernen und sich auch somit weiterbilden zu können. Neue Verantwortung und neue Aufgaben verhelfen zu einem Gefühl gebraucht zu werden. Im übertragenen Sinne sollen Anreize geschaffen werden die Mitarbeiter/innen zu ihrer Arbeit zu motivieren. (vgl. von Rosenstil, Molt & Rüttinger, 1995, S.233)

Es werden für das Arbeitsverhalten wesentliche Motive durch entsprechende Situationsgestaltungen aktiviert. In diesem Fall ist es die Übernahme einer neuen Aufgabe bzw. der Stellenwechsel. (vgl. von Rosenstil, Molt & Rüttinger, 1995, S.233)

Dies geschieht immer im Bezug auf die Bedürfnisse des Arbeitnehmers. Unter dem Arbeitsplatzwechsel ist nicht nur ein Wechsel innerhalb der Institution zu verstehen, sondern auch ein Wechsel des Wirtschaftszweiges, Ortswechsel, Berufswechsel, Wechsel der Stellung im Beruf wie oben beschrieben oder ein Sozialstatuswechsel. Im Bereich der (voll)stationären Erziehungshilfe werden diese Stellenwechsel in Einrichtungen meist durchgeführt, in denen Kinder- und Jugendgruppen umstrukturiert werden. Das heißt, die Gruppe wird entweder aufgelöst und das Personal sowie die Kinder und Jugendlichen werden auf andere Gruppen verteilt oder die Gruppe wird mit neuen pädagogischen Fachkräften bestückt. Diese Veränderungen werden meist aufgrund schwerwiegender Probleme innerhalb der Gruppe vollzogen. Bevor jedoch die Kinder und Jugendlichen weiterhin unter dem schlechten Gruppenklima leiden, setzt man für die „alten" Fachkräfte neue Fachkräfte ein, die das Problem wieder beseitigen sollen. Diese Wechsel von Personal innerhalb der Einrichtungen können der Klientel jedoch unweigerlich schaden.

7.3.1 Folgen des Personalwechsels für die Klientel

Blum schrieb: „Im Heimbereich geht es beim Personalwechsel fast immer um das Auflösen oder Abbrechen von Beziehungen. Erzieher und Klient, Klient und Erzieher, Erzieher und

Mitarbeiter, Mitarbeiter und Erzieher lösen eine möglicherweise gute persönliche Bindung auf" (Blum in Schoch, 1989, S. 14). Für die Klientel ist dies an erster Stelle ein belastender Faktor. Vertreter der Heimerziehung sehen darin einen Beziehungsverlust der sich in Aggressionen sowie Frustration bei den Kindern und Jugendlichen auswirkt. (vgl. Schoch, 1989, S. 14) Die Mitarbeiter bzw. Erzieher verlassen in diesem Fall zwar nicht die Einrichtung, sie gehen jedoch in eine andere Gruppe und sind demnach für andere Kinder als Ansprechpartner und unterstützende Person zu sehen. Die Kinder und Jugendlichen die hier verlassen werden, sehen die enge Kontaktperson nicht mehr in regelmäßigen Abständen um mit ihr beispielsweise über Probleme zu reden. Eine bindungstheoretisch inspirierte Praxis der Heimerziehung, die persönliche, affektive Beziehungen von Dauer anbietet, darf nicht mit schnellen Erfolgen rechnen. Die alt hergebrachten Bindungskonzepte, die sich in den oftmals chaotischen Herkunftsfamilien als funktional bewehrt haben, machen sich nach gewisser Zeit der Heimunterbringung bemerkbar, wenn dort die Beziehungen an Bindungsqualität gewinnen. (vgl. Schleiffer, 2003, S. 9) Diese Aussage beweißt, dass eine stabile und kontinuierliche Beziehungsaufnahme von Dauer sein muss, um Veränderungen der Bindungsqualität zu bewirken. Bei einem ständigen Personalwechsel ob innerhalb der Einrichtung oder zu einer anderen Einrichtung, ist dies nicht gewährleistet. Dieser Verlust einer für die Kinder und Jugendlichen wichtig gewordenen Person, kann eine „Verstärkung des Misstrauens" und Unbehagen herbeiführen. Nicht selten kommt es zu einer „existentiellen Verunsicherung", denn gerade die Klientel ist aufgrund ihrer Vorgeschichte auf verlässliche und konstante Bezugspersonen angewiesen. Die hohe personelle Kontinuität ist von bedeutsamer Priorität im Heimbereich. (vgl. Schoch,1989, S. 14f.) Neben den einzelnen Kindern und Jugendlichen die vom Abschied betroffen sind, ist aber auch die ganze Klientengruppe als Lebens- und Wohneinheit vom Weggang der pädagogischen Fachkraft betroffen. Jetzt müssen neue Vertrauensstrukturen zu neuen Fachkräften aufgebaut werden. (vgl. Schoch,1989, S. 14f.) Ein schneller und häufiger Wechsel wirkt sich zusätzlich negativ auf die Entwicklungen der betreuten Kinder aus. Durch die fehlende Konstanz einer Person kann keine durchgängige Erziehungslinie vermittelt werden. Emotionale Deprivationsfolgen, bedingt durch einen Bezugspersonenwechsel und ständige Enttäuschungen begünstigen Bindungsprobleme der Klientel. (vgl. Hebborn - Brass, 1991, S. 135)

7.3.2 Folgen des Personalwechsels für die Mitarbeiter/innen

Auf der Ebene der Mitarbeiter/innen sind neben dem Abschiedsschmerz auch die erhöhten psychischen und zeitlichen Belastungen zu berücksichtigen. Bei einem vollzogenen Wechsel, bedeutet dies für das neue Team, eine neue Situation, auf die sich alle einstellen müssen. Für die alte Gruppe ist es genauso. Alle müssen sich umstellen können und auf neue Mitarbeiter/innen gefasst sein. Bleibende Teammitglieder sind auf die Wiederbesetzung der Stelle angewiesen, da sie so lange die Arbeit für zwei übernehmen. Bei einer Neuaufnahme eines Kollegen benötigen sie Einarbeitungszeit für den zukünftig neuen Stelleninhaber. Beiläufig müssen sie noch die Reaktion der Kinder auf den Beziehungsverlust und die neue Beziehungsofferte auffangen. Neben diesen Faktoren kommt das Einfinden in ein neues Mitarbeitergefüge als Erschwerung hinzu. Nicht nur für die Klientel hat der Weggang von Mitarbeitern ein belastendes Format. Die Motivation und Arbeitszufriedenheit der Verbleibenden Mitarbeiter/innen kann auch Folge des Weggangs eines beliebten Mitarbeiters sein. Durch die bisher erwähnten Probleme entstehen im stationären Heimbereich zusätzliche Defizite die sich auf eine erfolgreiche Heimerziehung auswirken. Fehlende Qualifikationen, Frustration durch mangelnden Erfolg, geringe Aufstiegsmöglichkeiten, die zeitliche Belastung durch den Schichtdienst und die hohe Anzahl von Personalwechsel jeglicher Art, werden für die Unzufriedenheit der Mitarbeiter und die daraus entstehende Personalfluktuation Verantwortlich gemacht. (vgl. Hebborn - Brass, 1991, S. 135) Die Tatsache, dass Mitarbeiter/innen für nur begrenzte Zeiten eingestellt werden und die Einrichtung danach auf jeden Fall verlassen müssen, ist ein Faktor der zu einer höheren Mitarbeiterfluktuation führen kann. Nun kommen aber noch die Arbeitszeiten und der sowieso schon vorhandene Personalmangel hinzu. Die Arbeit im Heimbereich wird durch beträchtliche Größen erschwert. Es sind soziale und emotionale Belastungen die unter anderem dazu führen können. Die Arbeit die Sozialpädagogen, Heimerzieher/innen, sozialpädagogische Fachkräfte oder schließlich Mitarbeiter/innen in der (voll)stationären Erziehungshilfe erledigen, gehört dem Dienstleistungssektor an. Kinder und Jugendliche sowie die Jugendämter sind Kunden der freien Träger (Heim) und müssen dementsprechend auch so behandelt werden. Diese Arbeit, die sich im engen Kontakt zu den Kunden vollzieht, ist für alle Mitarbeiter/innen eine Gefühlsarbeit. Das heißt, wenn Dinge nicht so laufen wie man sie sich vorstellt, hat es direkte Einwirkung auf den Gefühlszustand und belastet die Mitarbeiter/innen sehr. (vgl. von Rosenstiel, 2003, S. 65)

Die Motive, aus denen nach Comelli und von Rosenstiel die Anregung und Aktivierung hergeleitet wird, zur Arbeit zu gehen, werden durch unwürdige Arbeitsbedingungen beeinträchtigt. (vgl. von Rosenstiel, 2005, S. 281) Ein Erfolg der Heimerziehung ist kaum gewährleistet und kann den Menschen demotivieren seiner Berufstätigkeit nachzugehen. Zur

Klärung der arbeitstechnischen Beweggründe soll kurz auf das Verständnis von Motivation und Motiven eingegangen werden.

7.4 Motiv und Motivation

Viele Forscher haben versucht ein Verständnis sowie eine Erklärung von Motivation zu definieren. Nach Kurt Lewin ist es ein Verhalten, dass stets als Wechselwirkungsprodukt von Person und Situation zu konzipieren ist. Nach Freudschen Vorstellungen sind Motive auf bestimmte Triebe des Menschen zurückzuführen. Unter anderem fließt in die Motivationspsychologie der Leistungsmotivationsbegriff mit ein. Man kann zum Beispiel aus verschiedenen Gründen ein Leistungsziel anstreben. Höheres Gehalt, eine höhere Position, Gewinnung von Prestige oder einfach das Bestehen einer Prüfung sind Ziele, die Leistung abverlangen. (vgl. Rheinberg, 2004, S.59f.)

„Leistungsmotiviert im psychologischen Sinn, ist ein Verhalten nur dann, wenn es auf die Selbstwertung eigener Tüchtigkeit zielt, und zwar in Auseinandersetzung mit einem Gütemaßstab, den es zu erreichen oder zu übertreffen gilt"(Rheinberg, 2004, S.60). Anreiz dieser Zielerreichung ist der Stolz, etwas persönlich Anspruchsvolles geschafft zu haben und die daraus resultierende Zufriedenheit mit der eigenen Leistung. Im Alltag spricht man auch von einem „Erfolgserlebnis". Erfolg und Misserfolg nehmen in der Motivation, Leistung zu erbringen, eine präsente Rolle ein. Dieser Erfolg und Misserfolg wird jedoch von Persönlichkeit zu Persönlichkeit unterschiedlich betrachtet. (vgl. Rheinberg, 2004, S.60ff.) Die Leistungsmotivation ist demnach qualitativ von Person zu Person unterschiedlich ausgeprägt. Um die Leistungsmotivation zu messen, wurden verschiedene Vorgehensweisen herangezogen. (vgl. von Rosenstiel, 2003, S.230ff.)

Was aber ist nun Motivation? Unter Motivation versteht man nach Klaudius ...“[d]iejenigen inneren Prozesse, welche in einer gegebenen Situation Veränderungen in der Stärke, Dauer und Richtung des Verhaltens bewirken" (Klaudius, 2002, S.653f.) Motiviertes Verhalten ist demnach zielgerichtet. Die Erreichung der Ziele ist verbunden mit dem Erlebnis der Lust oder Freude. Daraus folgt die Befriedigung.

Es gibt zwei Wege diese Befriedigung durch motiviertes Verhalten herbeizuführen. Zum Einen ist es der „extrinsisch" motivierte Weg. Das heißt, die Befriedigung wird erst mit der Erreichung eines Ziels erfüllt. Auch wenn der Mensch weiß, dass er einen schweren Weg dafür vor sich hat, nimmt er diesen in Kauf. Ein Beispiel hierfür liegt nach Rüttinger, Rosenstiel und Molt in dem Bedürfnis nach Geld. Wenn man Arbeit hat und dafür ein gewisses Gehalt bezieht, ist dies demnach ein Beispiel für extrinsisch motiviertes Verhalten.

Eine Weitere Richtung des motivierten Verhaltens öffnet sich auf dem Weg zum Ziel. Hierbei ist die Rede vom „intrinsisch" motivierten Verhalten.

„Intrinsisch motiviertes Handeln befriedigt durch die Handlung selbst, während extrinsisch motiviertes Handeln nur im Erreichen eines Endzustandes oder in den Begleitumständen der Handlung findet"(von Rosenstiel, 2003, S. 229). Die Intrinsische Motivation zieht positive Effekte auf die Leistungsbereitschaft und die Arbeitszufriedenheit nach sich. (vgl. von Rosenstiel, 2003, S. 235) Ein Beispiel hierfür würde im Bedürfnis nach einer Tätigkeit liegen. Solange man einer Tätigkeit nachgehen kann, handelt man nach einem intrinsischen Arbeitsmotiv. (vgl. von Rosenstil, Molt & Rüttinger, 2005, S.262ff.)

Motive helfen uns Menschen einen Beweggrund zu haben, ein bestimmtes Ziel zu erreichen. Mit Hilfe des motivierten Verhaltens gehen Menschen zur Arbeit und erbringen freiwillig Leistung. Dies machen sie aber meist aus bestimmten Beweggründen. Sie wollen etwas dafür erhalten. Um jedoch ein befriedigendes Gefühl zu erlangen und die Motivation beizubehalten zur Arbeit zu gehen, sollten gewisse Bedürfnisse befriedigt werden. Dies kann sich in Form von Anerkennung durch den Arbeitgeber, dem Gehalt das man bezieht oder ein Erfolgserlebnis in Form einer Wiedereingliederung eines Kindes in seine Familie äußern.

„ Die Arbeitsmotivation hat Einfluss auf viele für die Organisation wichtige Verhaltensweisen oder deren Folgen, wie z.B. Leistung, Berufswahl, Bindung an die Organisation, Fehlzeiten, Fluktuation" (von Rosenstiel, Molt & Rüttinger, 2005, S. 302).

Für einige Mitarbeiter/innen der sozialen Branche liegt ein Motiv unter anderem darin einen Beitrag für Andere leisten zu können. Für andere da zu sein und helfen zu können, kann den Mitarbeitern der sozialen Arbeit ein befriedigendes Gefühl vermitteln. Zudem kommt auch noch der Faktor des „Erfolgs". Das Ziel ist oft der Erfolg. Zusätzlich ist jedoch zu bemerken, dass ein Erfolg für jeden Mitarbeiter/innen anders gesehen wird. Für den einen liegt ein Erfolg in der Widereingliederung und für den nächsten liegt ein Erfolg in der Anerkennung durch den Arbeitgeber.

7.5 Erfolg im Blickwinkel der sozialen Arbeit

Pasquay schrieb… „ Wir beobachten in der Sozialarbeit ein verschärftes Denken in wirtschaftlichen Kategorien. Diese Sichtweise ist in der Grundstruktur nicht neu, da insbesondere in der Jugendhilfe seit einigen Jahren zunehmend über Effektivität und Effizienz, über Leistungsmöglichkeiten und Leistungsmerkmale nachgedacht wird. […] Zu Recht muss Sozialarbeit sich fachlich verantworten, zu Recht kann sich kostenintensive Heimerziehung einem besonderen Legitimationsdruck nicht entziehen"(Pasquay 1998, S.15f. in Herriger & Kähler, 2003, S.11).

Wie Qualität beurteilt wird, ist in den vorangegangenen Ausführungen erläutert worden. Aber welche Kriterien gibt es nun für den Erfolg der sozialen Arbeit? Dies kann man nicht genau festlegen, da ein Versuch, beruflichen Erfolg zu messen, von Situation zu Situation unterschiedlich ist. Trotz dieser Schwierigkeiten, beruflichen Erfolg zu messen, werden immer wieder Mitarbeiter/innen aus Heimen und anderen Institutionen der sozialen Arbeit dazu befragt. Aufgrund vorangegangener Untersuchungen ist versucht worden, ein allgemeines Verständnis von Erfolg zu ermitteln. Eine erste Grundform misst den beruflichen Erfolg im Hinblick auf das Ergebnis, das sich aus dem sozialpädagogischen Handeln ergibt. Hierbei steht demnach die Ergebnisqualität als Messfaktor im Vordergrund. Demzufolge erleben die Sozialpädagogen ihr Tätigwerden dort als erfolgreich, wo durch die pädagogische Intervention positiv bewertete und dauerhaft gesicherte Beziehungen zu Veränderungen der Lebenssituation der Klienten beitragen können. Die Maßstäbe an denen diese Verbesserung der Lebensqualität gemessen wird, können unterschiedlich sein. Jeder legt es nach seinem Maßstab für sich aus. So kann eine Verbesserung der Lebensqualität zum einen in einem gelingenden Problemmanagement liegen. Das heißt, dem Klienten gelingt es nach Abschluss der Hilfe kritische Situationen und Konflikte in eigener Regie zu bewältigen und so selbständig zu handeln. Als nächstes kann eine Verbesserung der Lebensqualität in Form einer Stabilisierung der Lebenslage analysiert werden. In diesem Fall, bedeutet es, dass die Lebenslage des Klienten gebessert und dauerhaft stabilisiert wurde. Auch die Persönlichkeitsentwicklung kann als eine Besserung der Lebensqualität gesehen werden. (vgl. Herriger & Kähler, 2003, S.14) Man kann aus diesem Beispiel schlussfolgern, dass die Maßstäbe Erfolg zu messen unterschiedlich sind. Je nach dem, mit welchem Hintergrund der Klient Hilfen zur Erziehung nach Paragraph 34 KJHG erhält, ist eine Verbesserung der jetzigen Situation nach zu vollziehen. Für schwerwiegende Fälle ist ein kleiner Schritt schon ein riesiger Erfolg, wobei auch hier das Wort „schwerwiegend" aus Sicht des Betrachters unterschiedlich definiert werden kann.

Die Messung von Erfolg ist somit von der Situation und der Persönlichkeit des Betrachters mannigfach zu sehen und kann demnach nicht genau ermittelt werden.

Nicht nur der Erfolg der sich aus dem sozialpädagogischen Handeln ergibt, kann zu einer Bedürfnisbefriedigung beitragen, sondern auch das subjektiv erlebte im Bereich des Miteinander Arbeitens kann hierzu führen. „Die subjektiv erlebte konstruktive Qualität dieses Miteinanders ist eine entscheidende Determinante für berufliche Zufriedenheit und berufliches Erfolgserleben" (Herriger & Kähler, 2003, S.17).

Hieraus ergibt sich, dass ein so genanntes „Eingebundensein" in eine positiv anerkennende und unterstützende Teamkultur zu einer Verringerung des Verlustes an beruflicher Motivation und fachlichen Engagements beitragen kann. Im Verlauf der beruflichen Tätigkeit entwickeln sozialpädagogische Fachkräfte ihre subjektiven Richtlinien, an denen die Arbeitsbeziehung zum Klienten und die bisher durchgeführten Hilfsprozesse als „gelingend" oder „nicht gelingend" eingeschätzt werden können. Unter ständiger Einbeziehung dieser Richtlinien, können Ergebnisse pädagogischen Handelns immer als erfolgreich angesehen werden, wenn sie den Gütekriterien einer fachlichen Beziehungsarbeit entsprechen. (vgl. Herriger & Kähler, H. 2003, S.17ff.)

Dabei ist von der gemeinsamen Definierung der Problemlage, einer gemeinsamen Übereinkunft über die Zielsetzung, Erreichung und Durchführung von eingesetzten pädagogischen Methoden die zu einer Verbesserung des Ist- Zustands führen sollen, die Rede. Diese gemeinsame Arbeitsgrundlage ist regelmäßig auf ihre Wirksamkeit zu überprüfen. In Form eines Hilfeplangespräches kann dies beispielsweise erfolgen. Die gemeinsame Arbeitsgrundlage macht wieder deutlich, dass ein Kontakterzieher erforderlich ist der regelmäßig an einer kontinuierlichen und stabilen Beziehung zum Klienten arbeitet. Nur hierdurch ist ein gelingen der Hilfe gewährleistet. Ein Unterbrechen dieser Beziehung ist als störend einzuschätzen und kann die Erreichung der Ziele und somit die Erfüllung der Aufgaben der Heimerziehung, welche durch das Gesetz und in gemeinsamen Gesprächen festgelegt werden, nur bedingt gewährleisten. Die Rede ist von befristeten Arbeitsverträgen, Personalmangel, der Belastung durch Arbeitszeitregelungen sowie des internen Personalwechsels. Hierbei zeichnen sich nicht nur Folgen für das Personal ab, sondern auch die Wirkung auf die Arbeit mit der Klientel.

Die Arbeit in der (voll)stationären Erziehungshilfe ist von vielen Hindernissen geprägt. Mit diesen Schwierigkeiten sollte sich jede pädagogische Fachkraft auseinandersetzen, da sie Wirkung auf die Arbeits- und Leistungsmotivation der Mitarbeiter/innen haben kann. Ob die Ziele, die ein jeder sich selbst setzt, erreicht werden können, hängt von der Entschlossenheit der Person ab.

Zusätzlich haben die organisatorischen Rahmenbedingungen Einfluss auf die Zielerreichung. Eine Umsetzung der Zielerreichung wird wahrscheinlicher, wenn die Person über alle ablaufenden Geschehnisse innerhalb der Einrichtung informiert wird. Durch diese Information ist eine Transparenz in der Einrichtung gewährleistet. Eine zusätzliche Bereitstellung von Handlungsspielräumen der einzelnen Mitarbeiter/innen befähigt sie mehr Leistung zu erbringen. (vgl. von Rosenstiel, 2003,S.421)

Sie wissen, das sie gebraucht werden und Verantwortung für ihr eigenes Handeln übernehmen können. Misserfolge die durch benannte Störfaktoren hervorgerufen werden, können die Arbeitszufriedenheit der Mitarbeiter/innen senken. (vgl. von Rosenstiel, 2003,S.421) Dies kann Folgen sowohl für das körperliche Wohlbefinden als auch für die Tätigkeit selbst haben. Das heißt, dass die Arbeitszufriedenheit Einfluss auf die Fehlzeiten und Personalfluktuation einer Einrichtung haben kann. Die Arbeitsleistung ist jedoch nur geringfügig im Zusammenhang mit der Arbeitszufriedenheit zu sehen. Hier konnte nur bedingt ein Kausalitätsverhältnis festgestellt werden. (vgl. Rosenstiel, Molt & Rüttinger, 2005,S.297f.)

7.6 Körperliche Beschwerden der Mitarbeiter/innen

Die Arbeitsbedingungen der Heimerziehung sind von Mitarbeitern stark kritisiert worden. (vgl. Günther & Bergler, 1992, S. 51) Durch den Personalmangel erhöht sich das Arbeitspensum der Angestellten. Die Arbeitszeiten lassen dem Personal weniger Zeit für ihr eigenes Privatleben. Befristete Arbeitsverträge vermitteln einem ein unsicheres Gefühl, den Arbeitsplatz auf absehbare Zeit zu verlieren. Daraus folgt, dass der Lebensunterhalt nicht mehr abgesichert ist. Der Personalwechsel entnimmt gute Mitarbeiter/innen und Kollegen, die sich im Team eingefügt und eingearbeitet haben. Jetzt kommt neues Personal, das neu in die Gruppe und das Mitarbeiterteam eingearbeitet und integriert werden muss. Wer gewährleistet aber den Mitarbeitern, dass neues Personal qualifiziert genug ist, sich den Anforderungen und der Klientel zu stellen? Wer garantiert eine gute Zusammenarbeit unter den Mitarbeitern und mit den Klienten? Mit diesen und vielen anderen Fragen, setzen sich die Mitarbeiter/innen einiger Einrichtungen der (voll)stationären Jugendhilfe ständig auseinander.

Diese Schwierigkeiten und Überlegungen die daraus entstehen, können zu zwei berufsfeldspezifischen Beschwerdeformen führen. Zum Einen sind das Magen- und Essprobleme und zum anderen Schlafstörungen. Hinzu kommen psychische und symptomatische Probleme. (vgl. Günther & Bergler, 1992, S. 133) Der Körper versucht wegen der Störfaktoren zu reagieren und Gefahr abzuwähren. Hieraus entwickeln sich jedoch Konsequenzen die Auswirkungen auf die Lebensqualität und die Gesundheit haben. Dies kann sich in körperlicher Unruhe, Unzufriedenheit, Hilflosigkeit, Angst, Hass und anderen negativen Emotionen äußern. (vgl. Hofmann, 2006, S. 22) Durch eine Änderung der gegebenen Arbeitsbedingungen zum positiven, könnten sich die körperlichen Beschwerden unter gewissen Voraussetzungen beseitigen lassen. Ein Beispiel hierfür wäre, die Einhaltung der Ruhephasen nach dem Gesetz.

Bei einer Aufrechterhaltung der belastenden Arbeitsbedingungen über einen langen Zeitraum, können jedoch langfristige Folgen für den Mitarbeiter entstehen. Angesichts des Zeitmangels der diese Ruhephasen bzw. eine Regeneration des Körpers verhindert, kann es zu chronischen Symptomen kommen. (vgl. Hofmann, 2006, S. 25) Diese Symptome chronischer Krankheiten führen meist zu Fehlzeiten der Mitarbeiter/innen aufgrund ihres Krankheitsbildes. Es gibt jedoch auch andere Gründe aus denen die Mitarbeiter/innen fehlen oder generell ihrer Einrichtung kündigen. Diese Gründe wirken sich unter anderem auf die Arbeitszufriedenheit der Mitarbeiter/innen und der dementsprechenden Motivation zu Arbeiten und Leistung zu erbringen aus. Aus den hier benannten Faktoren können Folgen entstehen, die sich generell auf die Anwesenheit am Arbeitsplatz auswirken. die Rede ist von Absentismus und der Personalfluktuation.

7.7 Absentismus und Personalfluktuation als generelle Folge

Salowsky schrieb … „ Der Begriff des Absentismus wird demgegenüber häufig in einer spezifischen Form verwandt, mit der allein jene Fehlzeiten bezeichnet werden, die aufgrund besonderer Einstellung des Mitarbeiters und motivational bedingter Entscheidung, nicht zur Arbeit zu gehen, d.h. ohne direktes Krankheitsbild, zustande kommen"(Salowsky in Marr, 1996, S.16).

Es gibt viele Definitionen in denen „Absentismus" beschrieben wird. Der Absentismus kann durch viele Ursachen bedingt werden. Je nachdem, in welcher situativen Gegebenheit sich eine Person befindet, kann es Anlass geben am Arbeitsplatz zu fehlen.

Für Absentismus gibt es viele Ursachen, die von March und Simon als wichtige „Haupterklärungsvariablen" zusammengetragen worden sind, welche im Folgenden kurz dargestellt werden. Dabei ist hier der Schwerpunkt auf die Arbeitsbedingungen zu legen. Jede Variable hat dabei Einfluss auf den Absentismus.

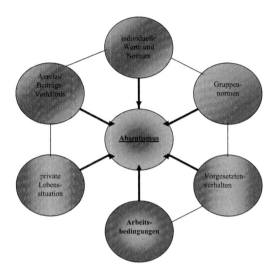

Abb 1: Haupterklärungsvariablen
in Anlehnung an: March und Simon in Marr, 1996, S. 28

Hiernach wird ersichtlich, dass die Arbeitsbedingungen unter anderem, Einfluss auf die Abwesenheit der Mitarbeiter/innen haben. March und Simon sind trotzdem der Meinung, dass Unzufriedenheit nicht unbedingt sofort zu Absentismus führt. Ihrer Meinung nach versuchen die Betroffenen sich vorerst durch das Suchen von Alternativen abzulenken. Sie wollen Alternativen finden, die den bisherigen Zustand verbessert. Die bequemste Alternative wird dennoch am Ende gewählt. Diese kann in Form von Abwesenheit am Arbeitsplatz beobachtet werden. (vgl. March und Simon in Marr, 1996, S59ff.) Absentismus kann sowohl durch die Arbeitssituation als auch durch die Lebenssituation hervorgerufen werden. Wenn es von den Arbeitsbedingungen abhängt, kann der Mitarbeiter im schlimmsten Fall die Arbeit kündigen, nicht nur innerlich. Er beendet demnach generell das Arbeitverhältnis mit seinem Arbeitgeber. An der Klientel geht dies nicht spurlos vorbei. Der Absentismus (Abwesenheit) und die Personalfluktuation, ist in vielen Fällen, die Folge von Störfaktoren, welche das Arbeitsleben stark beeinträchtigen. Es muss nicht einmal die Kündigung sein, die sich demnach auch auf die Arbeit zur Klientel auswirkt.

Es genügt schon die Abwesenheit vom Arbeitsplatz auf unbestimmte Zeit. Hier sind fast die gleichen Folgen für die Klientel zu verzeichnen, wie die des Personalwechsels und Personalmangels, denn in allen Fällen ist die Rede von einer Abwesenheit der Mitarbeiter/innen am Arbeitsplatz. Hinzu kommt, dass andere die Arbeit der abwesenden

Person übernehmen müssen. Dies kann zu neuen Frustrationen führen. Neues Personal kann nicht zusätzlich eingestellt werden, da die abwesende Person weiterhin als Angestellter der Einrichtung betrachtet wird. Die Einrichtung ist außerdem dazu verpflichtet, für eine Lohnfortzahlung zu sorgen. (vgl. Marr, 1996, S.13)

Inwieweit die Beziehungsarbeit in der Heimerziehung vom Personalwechsel beeinträchtigt wird, soll der empirische Teil der Arbeit klären.

II. Empirischer Teil

8. *Quantitative Befragung*

8.1 Anlass, Ziele und Hypothesen der Befragung

Ausgehend von den literaturbezogenen Erkenntnissen der vorangegangenen Gliederungspunkte, verfolgt der empirische Teil der vorliegenden Arbeit, das Ziel, die aktuelle Problematik innerhalb der Heimerziehung darstellen zu können. Hiermit soll aufgezeigt werden, dass die Beziehungsarbeit, die der Zielerreichung und der Aufgabenerfüllung der Heimerziehung als Grundlage dient, durch Störfaktoren beeinträchtigt werden kann. Zudem werden bestimmte Einflussgrößen benannt, die sich auf die Leistungsmotivation auswirken können. Dadurch dass der Beziehungsaspekt in der Heimerziehung eine Basis für professionelles Handeln darstellt, sollte genau hier kein Defizit vorliegen, welches den Prozess des Beziehungsaufbaus und Durchtragens beeinträchtigen kann. Dies ist immer wieder in der Literatur nachzulesen. Durch die Befragung wurde des Weiteren eine Reflexion des eigenen Handelns bezweckt und der damit verbundenen Kenntnisnahme der Befragten, dass es wesentliche Probleme gibt, die behoben werden müssen. Durch dieses Reflektieren und der daraus entstehenden Kenntnisnahme sollte eine Schärfung des Problembewusstseins für die Teilnehmer erfolgen. Ein Nachweis dessen wird jedoch nicht erfolgen. Der Fragebogen soll lediglich die Befragten zum Nachdenken über die Problemstellung anregen. Dies ist ein zusätzliches Ziel der Arbeit, da die aktuelle Problematik in der Praxis zu geringfügig betrachtet wird, obwohl es ein schwerwiegender Faktor ist, der den Erfolg der Heimerziehung in einigen Einrichtungen beeinträchtigen kann. Darüber hinaus gibt es bestimmte Problemfaktoren, die genauer überprüft werden sollen, um herauszufinden, inwieweit sie die Arbeit mit der Klientel stören. Die Rede ist von dem Personalwechsel innerhalb der Einrichtung. Da die Klientel immer im Mittelpunkt steht und eine Verhaltensänderung zum Positiven bezweckt werden soll, ist auch ihre Verhaltensänderung im Bezug auf den Personalwechsel zu betrachten. Dabei spielen die Anzahl sowie die Schwerfälligkeit der Wechsel eine Rolle. Hierdurch soll bewiesen werden, dass sich die Verhaltensweisen der Klientel zum Negativen verändern können und eine Zusammenarbeit zwischen ihr und der Fachkraft erschweren. Zudem ist der Blickwinkel auf das

Bezugserziehersystem zu lenken. Mit Hilfe der ermittelten Kennenlernphasen soll aufgezeigt werden, welchen Einfluss die zeitliche Zuweisung des Kontakterziehers hat. Hierbei soll nachgewiesen werden, dass der Beziehungsaufbau von langer Dauer ist und ein Arbeiten, ohne eine gewisse Zeitintensität, die gegeben werden muss, erschwert wird. Aus diesen bisherigen Schwerpunkten ergeben sich folgende Hypothesen, die durch die Befragung Bestätigung finden sollen:

1. Der Störfaktor „Personalwechsel" beeinträchtigt die Beziehungsarbeit, die Grundlage der Aufgabenerfüllung sowie Zielerreichung der Heimerziehung ist.

2. Die zeitige Zuweisung[10] von Kontaktkindern, ohne sie richtig kennenzulernen, erschwert anfänglich den Beziehungsaufbau und eine gute Zusammenarbeit.

3. Es gibt Faktoren, die beträchtlichen Einfluss auf die Leistungsmotivation haben. Dazu gehören, der Personalwechsel, ständig neue Richtlinien, die Arbeitszeit und befristete Arbeitsverträge.

Hieraus ergibt sich die Frage: „Inwieweit können die aufgestellten Hypothesen in ihrer Intension nachgewiesen und auf die Praxis übertragen werden?" Um diese Hypothesen bestätigen zu können, wurden vorwiegend geschlossene Fragen an das qualifizierte Fachpersonal der Heimerziehung weitergegeben. Die folgenden Untersuchungen sollen als Nachweis der bisher belegten Literaturangaben dienen. Daraus ist zu schlussfolgern, dass die Untersuchungen auf bestehenden Literaturnachweisen begründet wurden.

8.1.1 Empirische Untersuchungsmethodik und Umfang der Befragung

Um Aufschluss über die Ergebnisse der Befragung zu erhalten, ist vorerst die Untersuchungsmethodik näher zu eruieren. Die Befragung wurde mit Hilfe einer Fragebogenerhebung durchgeführt, die überwiegend auf standardisierte Antwortkategorien zurückgriff. Der Fragebogen bestand folglich im Wesentlichen aus geschlossenen Fragen.
Die Entscheidung für einen Fragebogen, bedingt durch dem Hintergrund der begrenzten Zeitressourcen, grenzte die Anzahl der Befragten ein. Entsprechend können die

---

[10] Eine zeitige Zuweisung der Kontaktkinder beläuft sich in einigen Einrichtungen auf einen Zeitraum einer Woche. Das heißt, neue Fachkräfte erhalten in ihrer ersten Woche ein Kontaktkind mit dem sie arbeiten sollen.

Untersuchungsergebnisse nicht explizit auf die Allgemeinheit bezogen werden. Aus Gründen des Zeitmangels wurde hier auf die quantitative Befragung zurückgegriffen. Die Methode der quantitativen Befragung ist zudem für die Auswertung und Ergebnisermittlung des Fragebogens als erleichterndes Werkzeug effektiv eingesetzt worden. Außerdem sind vorwiegend geschlossene Fragen formuliert worden, die eine Auswertung der Ergebnisse erleichtern sollen. Ausgewählt und angesprochen wurden im Raum Baden Württemberg drei Einrichtungen und im Thüringer Raum eine Einrichtung. Da in Baden Württemberg nur wenig Personal zu den Fragen Stellung nehmen konnte, sind die Fragebögen vorwiegend aus der Einrichtung in Thüringen effektiv nutzbar. Die Mitarbeiter/innen der baden-württembergischen Einrichtungen konnten zudem keine Verständnisfragen stellen, da die Fragebögen von Studenten verteilt wurden, die sich nicht weiter mit der Thematik auseinander gesetzt haben. Die Gesamtzahl der für die Untersuchung nutzbaren Fragebögen beläuft sich auf 30 Mitarbeiter/innen der stationären Erziehungshilfe. Die Mitarbeiter/innen haben demnach unterschiedliche Qualifikationen vorzuweisen. Vorrangig sind es Sozialpädagogen/innen, Erzieher/innen, Heilpädagogen/innen sowie Therapeuten/innen.

Bei den Untersuchungsergebnissen sind jedoch alle als gleichwertig zu betrachten, da sie trotz unterschiedlicher Qualifikation derselben Tätigkeit nachgehen. Das heißt, alle Mitarbeiter/innen, die in der Einrichtung angestellt sind, haben vordergründig die Aufgaben und Ziele der Heimerziehung nach dem Gesetz zu erfüllen. Die eigentliche Untersuchung, das heißt, die Verteilung der Fragebögen und das Ausfüllen derselben, erstreckte sich über einen Zeitraum von ungefähr einem Monat.

8.1.2 Aufbau der Untersuchung

Den Befragten wurde zugesichert, dass die Anonymität während der Befragung und nach der Befragung gewährleistet wird. Dadurch konnten auch Schwierigkeiten, die zwischen den Mitarbeitern und der Einrichtungsleitung bestehen, offen beschrieben werden und verhinderten eine genaue Benennung des Mitarbeiters. Im Fragebogen sollten ausgewählte Aspekte und Probleme aus Sicht der Mitarbeiter/innen eingeschätzt und eingestuft werden. Der hierzu entwickelte Fragebogen besteht aus 19 Fragen, von denen einige in Unterfragen unterteilt worden sind. Primär ging es in der Befragung um den Personalwechsel innerhalb der Einrichtung und die damit verbundenen Eindrücke sowie den Einfluss der Wechsel auf das Verhalten und die Reaktion der Klientel und der Mitarbeiter/innen. Hinzu kommen die durch den Fragebogen vorgegebenen Größen, welche Auswirkungen auf die Motivation, Leistung zu erbringen, haben. Somit standen folgende Fragenkomplexe im Mittelpunkt der

Untersuchung. Im ersten Teil werden allgemeine bzw. Daten zur Person abverlangt. Darauf folgen Fragen zur Anstellung in der jeweiligen Einrichtung. Der Schwerpunkt wird jedoch auf die vollzogenen Personalwechsel innerhalb der Einrichtung gelegt. Hierzu wurden konkrete Fragen zur Anzahl der vollzogenen Wechsel, zum Empfinden, zum Zeitraum des Einlebens in das neue Mitarbeiter- bzw. Gruppengefüge und die dementsprechenden Reaktionen der Mitarbeiter/innen auf neue Stelleninhaber/innen gestellt. Danach wird der Einfluss des Personalwechsels auf die Klientel näher beleuchtet und soll als Nachweis dienen, dass die Personalwechsel negative Auswirkungen auf das Verhalten haben können. Die Zuweisung an einen Kontakterzieher rückt darauf in den Blickwinkel. Hierbei wird ermittelt, ob die neuen Stelleninhaber/innen viel Zeit oder nur wenig Zeit haben die Klientel kennenzulernen. Dabei rückt der Einfluss einer zeitigen Zuweisung in den Vordergrund. Diese Fragen wurden gestellt, da davon auszugehen ist, dass der Kontakterzieher die engste Kontaktperson zum Klienten ist und demzufolge am besten mit ihm arbeiten kann. Voraussetzung hierfür ist die Zeit, die einem zum Kennenlernen gegeben wird, um herauszufinden, ob Sympathie besteht und Vertrauen entwickelt werden kann. Ein weiterer Schwerpunkt liegt auf dem Personalwechsel und seinem Einfluss auf die Zielerreichung sowie Aufgabenerfüllung nach dem Gesetz (§34KJHG). Auch hier werden im Anschluss daran die Auswirkungen auf den Beziehungsaufbau der Klientel untersucht. Als letzter Schwerpunkt dient die Frage nach der Leistungsmotivation und ihren Einflussfaktoren. Hierbei steht die pädagogische Fachkraft im Zentrum der Fragestellung. Als letzte Frage wurde eine offene Frage gestellt. Diese ist entwickelt worden, damit die Befragten noch einmal die Problemstellung reflektieren und nach Lösungen suchen können. Der Einbezug der Mitarbeiter/innen und ihre Lösungsvorschläge zeigen somit auch, dass sie sich mit der Thematik wirklich auseinandergesetzt haben.

8.1.3 Problematik während der Untersuchung

Bei der Untersuchung sind bestimmte Probleme aufgetreten, die eine genaue Auswertung erschweren. Der begrenzte Zeitumfang ist hier vordergründig zu betrachten. Wie schon benannt, konnten nur 30 Mitarbeiter/innen der stationären Erziehungshilfe befragt werden. Dies findet seine Erklärung im besagten Zeitmangel. Dadurch dass der Fragebogen durch Personen verteilt worden ist, die sich nicht näher mit der Thematik befassten, konnten eventuelle Fragen zu den Fragestellungen nicht beantwortet werden. Hinzu kommt die unterschiedliche Behandlung der Problematik in den befragten Einrichtungen der einzelnen Bundesländer. In Baden Württemberg ist beispielsweise nur ein geringfügiger Personalwechsel in den befragten Einrichtungen zu verzeichnen. Aus diesem Grund konnten die Befragten keine Stellung dazu nehmen. Da sich die Befragung dennoch auf mehrere Themenbereiche verteilte, sind die Fragebögen demnach unvollständig ausgefüllt worden. Diese konnten für die Auswertung und Ergebnisermittlung der eigentlichen Fragen trotzdem verwend- bzw. nutzbar gemacht werden. Aus den vier verschiedenen Einrichtungen der vollstationären Jugendhilfe sind zwei Einrichtungen geworden, die konkret Stellung zum vorliegenden Problem nehmen konnten. Dies ist jedoch nicht relevant für die Ergebnisermittlung, da auch die Einrichtungen anonym blieben. Nur die Art der Einrichtung wurde benannt. Weitere Probleme während der Untersuchung ergaben sich in der Zielgruppe der Befragten. Aufgrund der Zeitknappheit konnte nur eine Zielgruppe genau befragt werden. So wurde das Fachpersonal der Einrichtung in die Untersuchung mit einbezogen. Dabei stütze sich die Befragung auf die Beobachtungsgabe und subjektiven Eindrücke der Mitarbeiter/innen. Dadurch, dass die Kinder aus unterschiedlichen Gründen in ein Heim aufgenommen werden und demnach unterschiedlich auf Beziehungsabbrüche reagieren, konnte bei einigen Fragen nur mit einer wankenden Antwortmöglichkeit (trifft teilweise zu) reagiert werden. Zudem legt sich der Schwerpunkt der Befragung auf die gute Auffassungsgabe der Mitarbeiter/innen. Diese kann jedoch aus Sicht des Betrachters getrübt sein. Die Zusammenhänge und Erfahrungen, die die Mitarbeiter/innen bisher gesammelt, haben sind sehr unterschiedlich. Eine Verallgemeinerung auf alle Einrichtungen kann nicht erfolgen, da jede Einrichtung verschieden an die Problematik herangeht und zu wenig Menschen zur Thematik befragt worden sind. Die grundlegenden Schwerpunkte der Untersuchung konnten dennoch erfasst und zum Ergebnis gebracht werden.

8.1.4 Fragestellungen und Skalierung des Fragebogen

Der Fragebogen besteht, wie oben angeführt, aus 19 Fragen. Er richtet sich nur an die Mitarbeiter/innen der stationären Erziehungshilfe, bezieht dennoch indirekt die Klientel in die Fragestellungen mit ein. Dabei sind zum einen die Eindrücke der Mitarbeiter/innen im Bezug auf die Klientel zu ermitteln und zum anderen die Mitarbeiter/innen im Bezug auf sich selbst zu betrachten. Die Mitarbeiter/innen setzen sich somit genauer mit der eigentlichen Problematik auseinander, indem sie von ihren eigenen Erfahrungen mit der Klientel und sich selbst berichten. Um dies zu begrenzen sind vorwiegend geschlossene Fragen formuliert worden. Im ersten Teil werden die Mitarbeiter nach ihrem Geschlecht, Alter, der Art der Einrichtung, ihrer Qualifikation und ihrer Zeit, seitdem sie sich in der Einrichtung befinden, befragt. Daran nehmen Fragen zur Art des Arbeitsvertrages und zur zeitlichen Begrenzung ihres Arbeitsverhältnisses Anschluss. Wer nun länger als ein Jahr in der Einrichtung tätig ist, kann zu weiteren Fragen Stellung nehmen. Im zweiten Teil des Fragebogens werden Fragen zum Personalwechsel gestellt. Hierbei sind Fragen formuliert worden, die sich auf den Stellenwechsel beziehen. Im nächsten Teil des Fragebogens geht es direkt um die Leistungsmotivation und ihren dazu erforderlichen Faktoren. Da die Fragestellungen vorwiegend geschlossen formuliert sind, hat jeder Befragte seine Antwortmöglichkeiten schon vorgegeben. Dies sah beispielsweise so aus:

Geschlecht: männlich ☐ weiblich ☐

Der Befragte konnte nun mit den Kreuz an der richtigen Stelle antworten. Es gab jedoch komplexere Fragenblöcke, die mit einer anderen Vorgehensweise beantwortet werden mussten. Hier sind Fragen mit mindestens fünf vorgegebenen Antworten gestellt worden. Es sind Einschätzungsfragen die mit Hilfe einer Skalierung beantwortet werden. Beim Aufbau des Fragebogens wurde häufiger nach dem didaktischen Prinzip verfahren. Das heißt, es wird vom Allgemeinen zum Besonderen vorgegangen. Zunächst wurden allgemeine Fragen gestellt, wie zum Beispiel: „Geschlecht?" Im Anschluss daran ging es mehr ins Detail. Bestimmte Fragenkomplexe wurden mittels bestimmter Skalierungsvorgaben beantwortet. Diese Art der Fragen wurde gewählt, da es meist um bestimmte Reaktionen und Verhaltensweisen der Klientel und der Mitarbeiter/innen geht. Die Fragen werden auch als so genannte „Verhaltensfragen" bezeichnet. Dabei ist zu sagen, dass eine Reaktion auf ein bestimmtes Verhalten nicht einfach auf ein oder zwei Möglichkeiten beschränkt werden kann. Jeder reagiert und verhält sich demnach auch anders. Aus diesem Grund mussten mehrere Antwortmöglichkeiten vorgegeben werden. Dabei muss jede Antwort eingeschätzt und auf ihre Intensität überprüft werden. Die Befragten konnten nun aus ihren Erfahrungen, die Intensität darstellen, indem sie die Fragen durch eine Skalierung beurteilen sollten. Anhand solcher Skalen, die nach dem Sozialforscher Rensis Likert Likertskalen genannt werden, wird das Ausmaß der Zustimmung oder Ablehnung zu den vorgegebenen Antwortmöglichkeiten erfasst.
Die Antwortvorgaben, auch Items genannt, wurden für jeden verständlich formuliert und konnten so besser eingeschätzt werden. Im Fall des Fragebogens sah dies folgendermaßen aus:

1. → trifft voll zu
2. → trifft zu
3. → trifft teilweise zu
4. → trifft nicht zu

Es wurde sich für eine vierstufige Skala entschieden, da hier genau eingeschätzt werden konnte, inwieweit das Item zutrifft oder nicht. Um ein genaues Verständnis zu der Skalierung zu haben ist noch kurz anzumerken, was mit der Skalierung gemeint ist.

1. trifft voll zu	= Diese Reaktion oder dieses Verhalten trifft immer zu
2. trifft zu	= Diese Reaktion oder dieses Verhalten trifft meistens zu
3. trifft teilweise zu	= Diese Reaktion kann unter bestimmten Umständen zutreffen. Es kommt hierbei auf die Persönlichkeit der Betroffenen an, denn jeder reagiert anders, da jeder andere Erfahrungen gesammelt hat.
4. trifft nicht zu	= Das heißt, dass die vorgegebene Reaktion oder das Verhalten nie zutreffen.

Dadurch dass der Fragebogen letztendlich nur in zwei Einrichtungen verteilt wurde, haben die Befragten eine mündliche Erklärung zu der Skalierung erhalten. Den meisten waren diese Skalierung und ihre Bedeutung jedoch bewusst.

Die vorletzte Frage im Fragebogen wurde auch skaliert, jedoch mit anderen Vorgaben, da die Frage auf die Leistungsmotivation anspielt. So sind hier die Vorgaben:

1. → stark leistungsmotiviert
2. → teilweise leistungsmotiviert (mehr leistungsmotiviert)
3. → kaum leistungsmotiviert
4. → nicht motiviert Leistung zu erbringen

Hier geht die Skalierung von stark Leistungsmotiviert bis nicht motiviert Leistung zu erbringen.

Zum Schluss folgt eine offene Frage, die zum generellen Reflektieren der Problemstellung anregen soll. Um einen kurzen Überblick über den Fragebogen erhalten zu können, werden die Fragen im Folgenden kurz erwähnt, jedoch ohne die Antwortmöglichkeiten. Da die persönlichen Daten schon erwähnt worden sind, werden die Fragen ab dem Personalwechsel kurz benannt.

Haben Sie innerhalb der Einrichtung die Teams gewechselt?
Wie oft haben Sie die Gruppen bisher gewechselt?
Wie haben Sie den Wechsel empfunden?
Ich brauchte _____ um mich in der neuen Gruppe einzuleben.
Wie wurden Sie in Ihrem neuen Team aufgenommen?
Wie ist die Reaktion auf den ständigen Wechsel der Mitarbeiter/innen im Team?
Finden Sie, dass ein ständiger Personalwechsel Einfluss auf die Kinder und Jugendlichen hat?
Wenn es Ihrer Meinung nach Einfluss hat, inwieweit äußert sich dies im Verhalten der Kinder/Jugendlichen?
Wie reagieren die Kinder in der Gruppe auf neue „Mitarbeiter" Ihrer Meinung nach?
Wie war es, als sie Kontaktkinder zugewiesen bekommen haben?
Wie wirkt sich die zeitige Zuweisung Ihrer Meinung nach auf den Beziehungsaspekt zwischen Fachkraft und Heimbewohner aus?
Sind Sie der Meinung, dass ein ständiger Personalwechsel Einfluss auf die Zielerreichung sowie die Aufgabenerfüllung der Heimerziehung nach §34 SGB VIII hat?
Wenn ja, inwieweit könnte sich dies äußern?
Inwieweit haben folgende Begrifflichkeiten Einfluss auf Ihre Leistungsmotivation?
Wenn Sie etwas zum jetzigen Zeitpunkt ändern könnten, was wäre das?

8.2. Ausführung und Auswertung

Bisher wurde von der Zielsetzung, dem Umgang sowie den Inhalten des Fragebogens gesprochen. Im weiteren Verlauf soll der Blickwinkel jedoch auf Auswertung und jeweiligen Schlussfolgerungen fallen. Nachdem die ausgefüllten Fragebögen der Mitarbeiter/innen eingesammelt worden sind, ist nun die eigentliche Auswertung erfolgt.

8.2.1 Erhebungsvorgehen

Um eine Auswertung durchzuführen, sind alle Fragebögen zusammengezählt und die 30 Mitarbeiter/innen in Prozentangaben umgerechnet worden. Daraus sind genaue Werte ermittelt worden. Dabei stellen die 30 Mitarbeiter/innen 100% dar. Jeder Fragebogen wurde einzeln betrachtet und in eine extra dafür vorgesehene Liste in Form von Strichen übertragen. Das heißt, alle Fragen und ihre Antwortmöglichkeiten (Items) wurden auf ein extra Blatt geschrieben. Hinter jedem Item wurde soviel Platz gelassen, dass Striche pro Mitarbeiter und seiner jeweiligen Antwort gemacht werden konnten. Nachdem alle 30 Fragebögen auf die Strichliste übertragen worden sind, konnten diese in Prozentangaben angeführt werden (näheres dazu ist im Anhang nachzulesen). Die Prozentangaben wurden, soweit es ging, auf- bzw. abgerundet. Danach erfolgte die graphische Darstellung. Diese wurde hier mit Hilfe des „Microsoft Excel" Programms bearbeitet und erstellt. Bei kleineren Fragekomplexen konnten die Fragen und ihre Antworten vollständig in Form einer graphischen Darstellung aufgezeigt werden. Bei größeren Fragekomplexen musste dies in Form einer Kodierung erfolgen, da die Items zu umfangreich sind und in einer graphischen Darstellung nur schwer erfassbar wären. Während der Erhebung und der graphischen Darstellung filterten sich langsam bestimmte Entwicklungen heraus, die mit den aufgestellten Hypothesen verglichen und auf ihre Richtigkeit überprüft werden konnten.

8.2.2 Auswertungsmethode

Da die skalierten Fragenkomplexe sehr umfangreich sind, können sie nur schwer detailliert in einem Diagramm dargestellt werden. Aus diesem Grund werden die fünf großen Fragebatterien unterschiedlich gekennzeichnet. Die Frage in der es um die Reaktion der Mitarbeiter/innen auf den ständigen Personalwechsel geht, wird für die Auswertung als Tabelle „A" bezeichnet. Die Tabelle in der es um die Auswirkungen auf das Verhalten der Kinder, im Bezug auf den Stellenwechsel geht, wird mit einem „B" versehen. Die Reaktion der Kinder auf neues Personal ist in Tabelle drei mit einem „C" gekennzeichnet. Tabelle vier, in der es um den Einfluss des Personalwechsels auf die Beziehungsarbeit im Hinblick auf die Aufgabenerfüllung und Zielerreichung geht, wird mit einem „D" markiert. Die Motivationstabelle ist demnach mit einem „E" zu kennzeichnen. Die Antwortmöglichkeiten (Items) werden dementsprechend den Buchstaben zugeordnet. Tabelle „A" hat hier beispielsweise fünf Items und ist aus diesem Grund von A1 bis A5 in den Diagrammen gekennzeichnet. Um die Buchstaben den passenden Items zuordnen zu können, werden die Fragenkomplexe zum besseren Verständnis mit aufgezeigt. Alle Fragen, die wenig oder kurz formulierte Items zu Verfügung haben, werden normal in tabellarischer Form und/ oder mit Hilfe eines Diagramms oder in Schriftform dargestellt.

8.3 Darstellung und Interpretation

An der Befragung nahmen, wie schon mehrfach benannt, 30 Mitarbeiter/innen der stationären Erziehungshilfe teil. Um eine kurzen Einstieg in die eigentliche Befragung zu finden, wurden vorerst allgemeine Fragen zur Person gestellt. 73% der Befragten sind weiblich und 26% gehören dem männlichen Geschlecht an. Die Alterspanne ist hierbei im Rahmen von 22 Jahren bis 53 Jahren festzumachen. Die Qualifikationen reicht dabei vom Diplom Sozialpädagogen 40% über Heilpädagogen/innen mit 7% Anteil, Erzieher/innen 50% Anteil und Therapeuten mit 3% Anteil. Die nächste Frage beläuft sich auf die bisherige Verweildauer des Befragten in seiner Einrichtung, um die Personen herauszufiltern, die noch kein Jahr in der Einrichtung arbeiten. Da sich die Fragen auf den Personalwechsel beziehen und davon auszugehen ist, dass Personen, die nicht länger als ein Jahr im Unternehmen tätig sind, mitreden können, wurden sie durch die besagte Frage ausgesiebt. Hierbei sind 77% schon länger als drei Jahre in ihrer Einrichtung angestellt und 23% seit ein bis drei Jahren. Abgeschlossene Tarifverträge und befristete Arbeitsverträge sollen einen kurzen Überblick über die Anstellung in der Einrichtung geben.

Überblick über tariflich angestellte oder befristet angestellte, Mitarbeiter

Tarifvertrag	%	Befristete Einstellung	%
ja	50%	ja	47%
nein	50%	nein	53%

Tabelle. 1
Quelle: Eigene Darstellung

Die 50%, die einen tariflichen Arbeitsvertrag abgeschlossen haben, sind innerhalb ihrer Einrichtung nie in eine andere Gruppe gewechselt. Dazu liegt der Altersdurchschnitt der benannten Personen im höheren Bereich der besagten Altersspanne. Das heißt, die meisten sind Mitte dreißig bis Anfang fünfzig. Die Ursachen hierfür darzulegen, würde zu weit führen und ist durch den Fragebogen nicht empirisch belegt worden.

Im Folgenden wird der zweite Teil des Fragebogens bearbeitet und dargestellt. Um genaue Vorstellungen über den Personalwechsel[11] in den befragten Einrichtungen zu erhalten, bezog sich die erste Frage des Teils auf einen generellen Wechsel. Nachdem gefragt wurde, ob die Mitarbeiter/innen innerhalb ihrer Einrichtung die Gruppen gewechselt haben, stellte sich folgendes dabei heraus: Insgesamt haben 63% der Befragten schon einmal die Gruppe und somit ihr Team gewechselt. Daraus geht hervor, dass 37% ihr Team noch nie gewechselt haben. Zudem soll herausgefunden werden, ob die Mitarbeiter/innen, die gewechselt haben, dem freiwillig nachgingen oder nach Anweisung handelten. Diejenigen, die mehrfach ihre

---

[11] Mit Personalwechsel ist gemeint, dass alte Teammitglieder gehen und neue dafür kommen.

Gruppen verlassen haben, konnten dies natürlich aus beiden Gründen tun. Ein Diagramm soll dies kurz in einem Überblick darstellen.

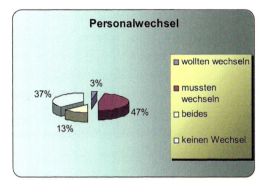

Abbildung 2:   Ein Wunsch zu wechseln oder eine Handlung nach Anweisung?
Quelle: Eigene Darstellung

Es ist erkennbar, dass der größte Anteil von 47% seine Gruppe wechseln musste. Da 37 % der Befragten in ihrer Einrichtung keinen Wechsel vollzogen haben, konnten sie nicht auf alle Fragen antworten bzw. aus rein hypothetischen Ansichten antworten. Um jedoch keine verfälschten Resultate zu erlangen, wurden sie in alle Ergebnisse mit einbezogen. Die Befragten haben in diesem Fall keine Stellung zur Frage nehmen können. Um zu sehen, wie oft die Mitarbeiter/innen wechseln mussten, ist die Frage offen formuliert worden. Jeder konnte dabei die Anzahl seiner Wechsel, seit Beginn des Arbeitsverhältnisses angeben. Dabei wechselten einige bis zu sieben Mal ihre Gruppe. Auch diese Auswertung wird mittels eines Diagramms zum besseren Verständnis dargelegt.

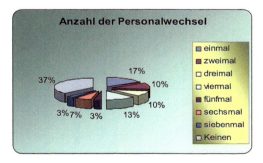

Abbildung 3:   Anzahl der Personalwechsel
Quelle: Eigene Darstellung

Hieraus ergibt sich, dass die meisten der 63%, die schon ihren Platz wechseln mussten, nur einmal gewechselt sind. 10% wechselten zweimal und weitere 10% wechselten dreimal. 13 % mussten ihre Gruppe viermal wechseln und sich in einer anderen neu einleben. Jeweils 3% wechselten fünfmal bzw. siebenmal und 7% haben ihr Team sechsmal verlassen.

Aus der graphischen Darstellung wird ersichtlich, dass in den befragten Einrichtungen teilweise sehr oft die Mitarbeiter/innen ihre Teams verlassen haben.

Da aus den bisher dargestellten Fragen nicht ersichtlich wird, wie sich die Mitarbeiter/innen bei einem Wechsel fühlten, beschäftigt sich die nachstehende Frage hiermit. Dabei hatten 20% der Befragten kein größeres Problem mit dem Wechsel. 23% fiel es schwer, die Gruppe zu verlassen, und 20% haben mit einem Wechsel erhebliche Probleme gehabt. Gründe hierfür sind schwer zu benennen und würden sich nur auf Mutmaßungen stützen. Aus den Befragungen heraus können keine Schlussfolgerungen gezogen werden, da jeder individuell persönlichkeits- und situationsabhängig reagiert. Es konnte jedoch keiner von sich behaupten, dass sie sich nie in die Gruppe einleben konnten. Die übrigen 37%, die bisher noch nicht gewechselt sind, nahmen verständlicherweise dazu keine Stellung.

Interessant hierzu war es zu erfahren, wie lange die Mitarbeiter/innen brauchten um sich dementsprechend in der neuen Gruppe einzuleben. Die Frage nach der Eingewöhnungszeit wurde auch als offene Frage formuliert, da es schwer ist, begrenzte Zeiträume vorzugeben. Dies soll eine graphische Darstellung näher beleuchten.

Abbildung 4:   Zeitraum der Eingewöhnung
Quelle: Eigene Darstellung

Bevor erste Einschätzungen zu den Reaktionen und Verhaltensweisen der Klientel sowie der Mitarbeiter/innen im Bezug auf den Personalwechsel gemacht wurden, sollten noch die eigenen Einschätzungen vom wechselnden Personal eingeholt werden. So wurden die Mitarbeiter/innen über ihr Gefühl befragt, inwieweit sie von ihren neuen Mitarbeitern aufgenommen wurden. Dabei gaben 43% und somit die Mehrheit an, dass sie sehr gut von ihren neuen Kollegen empfangen wurden. 27% der Befragten schätzten ihre Ankunft in einer neuen Gruppe für gut ein. Des Weiteren kam heraus, dass keiner der befragten Mitarbeiter/innen aus seiner Sicht weniger gut, sogar schlecht von seinen neuen Kollegen aufgenommen worden ist. So ist zu sagen, dass den meisten der Wechsel sehr schwer fiel. Dennoch fühlten sie sich in ihr neues Team sehr gut bis gut aufgenommen. Der Zeitraum der Eingewöhnungsphasen in die neuen Gruppen wurde von den meisten der Befragten als sehr kurz eingeschätzt. Gründe hierfür könnten in der guten bis sehr guten Aufnahme durch die Mitarbeiter liegen. Diese Aussage basiert jedoch auf Mutmaßungen und konnte im Fragebogenumfang nicht geklärt werden.

In der folgenden Frage sollen die Befragten mit Hilfe vorgegebener Items einschätzen, wie die Mitarbeiter bzw. Kollegen allgemein auf einen ständigen Personalwechsel reagieren. Dabei können die vorgegebenen Items lange nicht alle Reaktionsformen darlegen und erfassen. Es können viele andere Reaktionsweisen auftreten und beobachtet werden. Dies ist jedoch nicht möglich, in einer Tabelle zu erfassen. Um die graphische Darstellung nachvollziehen zu können, wird wie oben angedeutet, die Frage mit ihren Items dargelegt.

A) Die Reaktion der Mitarbeiter auf den ständigen Personalwechsel	1 trifft voll zu	2 trifft zu	3 trifft teilweise zu	4 trifft nicht zu
A1...sehr gut, da der Beruf Flexibilität mit sich bringt und neue Mitarbeiter/innen neue Ideen umsetzen können	3,33¯%	23,33¯%	53,3¯%	20%
A2 ... entspannt, da die ganze Gruppe frischen Wind bekommt	0%	13,33¯	63,33¯	23,33¯
A3 ...gewöhnungsbedürftig, da sich die komplette Gruppe umstellen muss	13%	60%	20 %	7%
A4 ...frustriert, da die Kinder und Jugendlichen aus unserer Sicht immer wieder Beziehungsabbrüche durchmachen und neues Vertrauen aufbauen müssen. Dies erschwert die Zusammenarbeit mit ihnen	50%	33%	10%	7%
A5 ...sehr schlimm, da das immer wieder neue Einarbeiten neuer Mitarbeiter Zeit benötigt, die den Kindern/Jugendlichen nicht gegeben werden kann	17%	47%	23%	13%

Tabelle 2:
Quelle: Eigene Darstellung (Fragebogen entnommen)

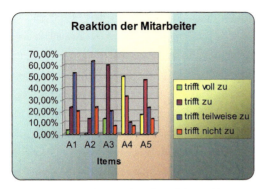

Abbildung 5: Reaktion der Mitarbeiter auf den ständigen Personalwechsel
Quelle: Eigene Darstellung

A1 bis A5 können zum besseren Verständnis in der oberen Tabelle nachgelesen werden.
Aus dem Item A1 wird ersichtlich, dass die Mitarbeiter/innen einen Wechsel wohl eher selten, als sehr gut betrachten. Bei der Mehrheit (53,3%) zeigt sich, dass ein Ankommen neuer Mitarbeiter, welche neue Ideen mitbringen und diese umsetzen wollen, teilweise für gut eingeschätzt wird, aber auch schlechte Seiten haben kann. Ein nicht unwesentlicher Teil von 20% ist der Meinung, dass neue Mitarbeiter mit neuen Ideen nicht gut sind.
Bei A2 ist es ähnlich. Die Mitarbeiter/innen sind zum größten Teil der Meinung, dass ein frischer Wind, der mit den neuen Mitarbeiter/innen in die Gruppe geweht wird, teilweise gute Seiten hat, aber nicht immer mit Entspannung darauf reagiert wird. Ein geringer Teil von 13% reagiert meist entspannt, wenn neue Mitarbeiter/innen kommen und 23,33% reagieren überhaupt nicht entspannt. In A3 sind 60% der Befragten der Meinung, dass ein Personalwechsel sehr gewöhnungsbedürftig ist und eine komplette Umstellung des Teams sowie der Gruppe mit sich bringt. 20% stimmen dem teilweise zu und 7% stimmen dem nicht zu. 13% sind der Meinung, dass Personalwechsel immer gewöhnungsbedürftig sind. 50% der Befragten meinen, dass ein Wechsel von Personal die Mitarbeiter/innen immer frustriert. Die Kinder müssen in dem Fall immer wieder Abbrüche von Beziehungen durchmachen und dies erschwert die Zusammenarbeit zwischen ihnen und den Fachkräften. Weitere 33% stimmen dem zu, sagen aber, dass dies meistens der Fall ist. 10% meinen, dies stimmt nur teilweise und 7% empfinden es gar nicht so. Nach A5 zu urteilen, finden 47% der Befragten einen ständigen Personalwechsel für sehr schlimm, da neue Mitarbeiter/innen auch immer wieder neu eingearbeitet werden müssen. Die Zeit die für die Einarbeitung neuer Stelleninhaber/innen verwendet werden muss, kann der Klientel in diesen Momenten nicht gegeben werden. Das pädagogische Handeln im Bezug auf die Klientel ist nicht gewährleistet.

Aus den Ergebnissen heraus ist zu sagen, dass die Mehrheit der Mitarbeiter/innen den ständigen Personalwechsel als negativ betrachtet. Es ist eindeutig zu verzeichnen, dass aus der Sicht der Mitarbeiter/innen durch den Personalwechsel die Zeit für die Kinder und Jugendlichen minimiert wird. Des Weiteren bestätigen 83% (A4: 50% + 33%), dass sich Personalwechsel störend auf die Zusammenarbeit zwischen den Fachkräften und der Klientel auswirkt. Zudem gestalten die ständigen Beziehungsabbrüche einen erneuten Vertrauensaufbau als sehr schwierig. Aus dieser Auswertung heraus kann auf die nächste Frage geschlussfolgert werden. In dieser geht es darum, ob ein ständiger Wechsel von Personal Einfluss auf die Kinder hat. Im Prinzip ist dies schon durch die vorhergehende Frage beantwortet worden. Deshalb wird sie hier nur kurz angeführt. Es sind 100% der Befragten, die sagen, dass ein Personalwechsel großen Einfluss auf die Klientel hat. Es wird zwar nicht danach gefragt, ob dieser sich positiv oder negativ auf die Klientel auswirkt, dennoch kann man eventuell mit Hilfe des Fragekomplexes Aufschluss darüber erlangen. Im zweiten Fragenblock, der mit „B" kodiert worden ist, geht es darum, inwieweit sich der Personalwechsel auf das Verhalten der Klientel auswirkt.

Verhaltensänderung der Kinder durch den ständigen Personalwechsel

B)	1	2	3	4
B1 Die Kinder und Jugendlichen gehen offen damit um und versuchen sich schnell auf die neue Situation einzustellen.	3,33⁻%	13,33⁻%	53,33⁻%	30%
B2 Die Kinder und Jugendlichen bauen schnell Vertrauen zu neuen Mitarbeitern auf und gehen offen auf sie zu.	0%	7%	56%	37%
B3 Die Kinder und Jugendlichen tasten sich langsam an die neue Situation heran. Sie sind sehr vorsichtig und gehen mehr auf Distanz.	7%	50%	33%	10%
B4 Die Kinder und Jugendlichen suchen wenig emotionale Nähe zum neuen Personal und fassen nur bedingt Vertrauen. Der Beziehungsaufbau und Vertrauensaufbau bedürfen viel Zeit.	30%	30%	33%	7%
B5 Die Kinder und Jugendlichen lassen nur noch schwer neues Personal an sich heran und machen eine Zusammenarbeit unmöglich.	3,33⁻%	23,33⁻%	33,33⁻%	40%
B6 Die Kinder und Jugendlichen bauen eine				

| Abwehrhaltung auf und versuchen das gesamte Team gegeneinander auszuspielen. | 10% | 16,66 % | 46,66 % | 26,66 % |

Tabelle 3:
Quelle: Eigene Darstellung (Fragebogen entnommen)

Dieser Komplex war sehr schwer zu interpretieren, da sich die meisten bei ihren Antworten auf die Skala „trifft teilweise zu" beschränkt haben. Dies findet Erklärung in der schon benannten Situations- und Persönlichkeitsabhängigkeit. Das heißt, dass hier keine konkreten Angaben gemacht werden können, da jedes der Kinder und Jugendlichen individuell und damit differenziert von anderen mit der Problematik umgeht. Dennoch soll der Fragenkomplex graphisch dargestellt werden. Hierzu soll die eigentliche Tabelle, wie im vorigen Fall, zum Nachlesen dienen.

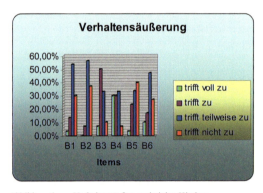

Abbildung 6:   Verhaltensäußerung bei den Kindern
Quelle: Eigene Darstellung

Nach den Ergebnissen zu urteilen, die in Tabelle 3 ersichtlich werden, können die Befragten in B1 und B2 nur bedingt Stellung zu den besagten Items nehmen. Es fällt ihnen schwer, einschätzen zu können, wie die Kinder reagieren. Manche Klienten gehen offen mit einem ständigen Personalwechsel um (B1: 3%+13%). Sie stört es kaum, dass immer wieder Erzieher bzw. Sozialpädagogen gehen und dafür neue kommen. Andere Kinder können sich nie daran gewöhnen (30%). Es kommt zudem darauf an, in welchem Verhältnis die Klienten zu den Fachkräften stehen. Die einen verlieren eine für sie wichtig gewordene Person, die immer helfen konnte und verständnisvoll mit ihnen umging. In diesem Fall fällt den Kindern der Abschied von der jeweiligen Fachkraft schwer und sie verhalten sich bei neuem Personal sehr bedeckt. Andere Klienten haben vielleicht ein nicht so gutes Verhältnis zu der Fachkraft, welche die Gruppe verlässt. Das Verhältnis zwischen dem Klienten und der Fachkraft war eventuell sehr schlecht und zeugte nicht gerade von einem starken Vertrauensverhältnis. Hierbei könnte es dem Kind/Jugendliche nicht viel ausmachen, wenn die Fachkraft geht. Demnach gehen sie auch offen auf neues Personal zu. Es gibt sehr unterschiedliche Reaktions- und Verhaltensweisen, die bei allen Kindern individuell ausgeprägt sind und auf unterschiedliche Ursachen zurückzuführen sind. Aus diesem Grund ist eine genaue Einschätzung sehr schwer und der Großteil der Befragten hat sich für „trifft teilweise zu" entschieden. In B1 sind es 53% und in B2 56%, die dieser Meinung sind. Ein nicht unwesentlicher Teil ist jedoch bei B1 nicht der Meinung, dass Kinder offen auf ständig neue Mitarbeiter/innen zugehen und sich gleich auf die neue Situation einstellen können. Dieser Anteil beträgt 30% und spricht sich für „trifft nicht zu" aus. In B2 sind es 37%, die sich für „trifft nicht zu" entschieden haben. Das heißt, sie sind nicht der Meinung, dass die Kinder zu dem neuen Personal schnell Vertrauen aufbauen und offen auf sie zugehen können.

Dass die Klientel sich bei gerade ankommendem Personal langsam an die neue Situation herantastet und der neuen Fachkraft sehr vorsichtig gegenüber tritt, stimmten 50% der Befragten zu. Zudem sind sie der Meinung, dass sich die Kinder anfangs bedeckt halten und mehr auf Distanz gehen. Dies wird aus B3 ersichtlich. 30% der Befragten bestätigen in B4, dass die Kinder bei ständig wechselndem Personal wenig emotionale Nähe zeigen und nur bedingt Vertrauen fassen. Der Beziehungsaufbau gestaltet sich dadurch zu einem langwierigen Prozess, der viel Ausdauer und Geduld von beiden Seiten (Fachkraft und Klient) verlangt. Wieder 30% schließen sich der Meinung an, lassen aber Raum für Ausnahmen. Bei 33% der Befragten konnte keine feststehende Aussage getroffen werden. Das heißt, sie legen sich bei „trifft teilweise zu" fest. 7% schließen dieses Verhalten auf neue Mitarbeiter/innen generell aus. In B5 wird deutlich, dass sich ein Anteil von 40% gegen die dort angegebenen Verhaltensweisen ausspricht. Demnach finden sie nicht, dass die Klientel nur noch schwer neues Personal an sich heran lässt und eine Zusammenarbeit zwischen Fachkraft und Klienten unmöglich ist. Hierbei sagen 33% aus, dass es teilweise vorkommen kann, dass eine Zusammenarbeit zwischen den Fachkräften und den Klienten unmöglich sei. 23% sind der Meinung, dass dieses Verhalten zutrifft und 3% sind fest der Meinung, dass dies immer der Fall ist. Bei dem Item B6, in dem es um den Aufbau einer Abwehrhaltung der Klientel geht, die versuchen das Team in seiner neuen Konstellation gegeneinander auszuspielen, stimmten $26{,}66^{-}\%$ (B6: trifft zu+ trifft voll zu) dem zu. Fast die Hälfte ($46{,}66^{-}\%$) sagen, dass dies wieder Situations- bzw. Persönlichkeitsabhängig sei und weitere $26{,}66^{-}\%$ stimmten dagegen. Für sie hat der ständige Personalwechsel keinen Einfluss darauf, dass die Kinder

Abwehrhaltungen aufbauen und diese gegen das Team von Erziehern und Sozialpädagogen und anderen einsetzen. Aus den hier ermittelten Ergebnissen ist deutlich geworden, dass keine genaue Aussage darüber getroffen werden kann, ob der Personalwechsel negativen Einfluss auf das Verhalten der Kinder und Jugendlichen im Heim hat. Um dies genau herauszufinden müssten alle Kinder und Jugendlichen in ihren reaktions- und Verhaltensweisen gleich sein. Dies ist jedoch nicht der Fall.

Auf den Fragenkomplex „C", der sich auf die Reaktion der Kinder gegenüber neuen Mitarbeitern bezieht, wird im Folgenden nicht weiter eingegangen, da er der obigen Frage mit seinen Ergebnissen sehr ähnelt. Im Anhang können alle ermittelten Daten zu den jeweiligen Fragen nachgelesen werden, unter anderem die in Tabelle „C" ermittelten Prozentangaben.

Ein weiterer Teil des Fragebogens besteht darin, zu ermitteln, wie die Mitarbeiter/innen zu ihren jeweiligen Kontaktkindern gelangt sind. Dies ist sehr wichtig zu wissen, da ein Kontakterzieher und sein Kontaktkind enger zusammenarbeiten als andere Erzieher. Das heißt nicht, dass andere Fachkräfte nicht mit dem Kind zusammenarbeiten und keinen Einfluss auf die Entwicklung des jeweiligen Klienten haben. Dies wäre auch kaum nachvollziehbar. Ein Kontakterzieher ist im vordergründigen Sinn für das gemeinsame Erarbeiten bestimmter Ziele zuständig und muss hier eine besondere Beobachtungsgabe aufbringen. Es ist davon auszugehen, dass meist der Kontakterzieher zusammen mit seinem Kontaktkind an regelmäßigen Hilfeplangesprächen teilnimmt. Aus diesem Grund sind die Beobachtungsgabe und die Informationsdichte des Kontakterziehers von großer Bedeutung. Wie schon erwähnt, werden im Hilfeplan die Ziele, die es zu erreichen gilt, individuell für jeden Klienten festgelegt. Hierbei ist ein gutes Verhältnis zwischen Fachkraft und Klient wichtig und soll Grundlage für ein gemeinsames Handeln sein. Ob die Ziele erreicht worden sind, wird im Hilfeplangespräch durch den Klienten und die Fachkraft vermittelt. Auf der Basis der fachlichen Einschätzung des Kontakterziehers und der Selbsteinschätzung des Klienten kann über den weiteren Verlauf der Hilfe entschieden werden. Hieraus ergibt sich, dass der Kontakterzieher und sein Kontaktkind gut miteinander arbeiten sollten. Dies benötigt eine gewisse Zeit des Kennenlernens und des Aufbaus einer tragfähigen Beziehung. Aus diesem Grund, steht die Thematik im Folgenden im Mittelpunkt. Dabei wird vorerst danach gefragt, wie sich der Anfang für die Mitarbeiter/innen gestaltete, als sie ihre Kontaktkinder zugewiesen bekommen haben.

Hierbei gaben 16,66¯% an, dass sie Zeit hatten, die Kinder kennenzulernen, bevor sie ein Kontaktkind erhielten. 6,66¯% konnten ihre Kontaktkinder auswählen und erhielten somit die Möglichkeit, ihr enges Miteinander auf Grundlage einer tragfähigen Beziehung aufzubauen.

70% gaben an, dass sie sehr zeitig die Kinder zugewiesen bekommen haben. Sie konnten demnach nicht wählen und hatten nur wenig Zeit eine gemeinsame Arbeitsgrundlage, basierend auf einer stabilen Bindung, zu schaffen. 6,66̄ % machten zweierlei Erfahrungen. Da jede Fachkraft mehrere Kontaktkinder in ihrem Tätigsein hat, gibt es Momente, in denen sie wählen können, und Momente, an denen es ihnen verwährt bleibt. Die daraus entstehenden Folgen sollen mit der nächsten Frage beantwortet werden. Hierzu ist vorerst zu sagen, dass nur zwei Antwortmöglichkeiten vorgegeben worden sind. Auch in diesem Fall gibt es viele Varianten, welche die Folgen näher beschreiben. In einer kurzen Umfrage kann dies jedoch nicht erfasst bzw. empirisch belegt werden.

80% der Befragten gaben an, dass eine zu zeitige Zuweisung der Kontaktkinder an das Fachpersonal, eine Beziehung, die auf Vertrauen basiert, sowie eine gute Zusammenarbeit zwischen Klienten und Fachpersonal am Anfang erschwert. 6% gehen soweit zu meinen, dass hierbei ein Beziehungsaufbau selten möglich ist, da sich die Fachkraft und der Klient in eine Sache gedrängt fühlen, bei der ein gezwungenes Zusammenarbeiten nicht erwünscht ist. 14% haben sich bei diesen Antwortvarianten enthalten und nahmen demnach keine Stellung zur Problematik. Aus dem hier ermittelten Gesamtergebnis geht hervor, dass den neu ankommenden Fachkräften in den meisten Fällen zu wenig Zeit gegeben wird, ihre Kontaktkinder kennenzulernen. Dies erschwert einen Beziehungsaufbau beträchtlich und das damit verbundene gemeinsame Arbeiten. Das heißt, die Zielsetzung sowie ihre Erreichung sind von einem schwierigen Weg gekennzeichnet. Auch die Aufgaben, welche nach §34 KJHG erfüllt werden sollen, werden als besonders schwierig angesehen. Ob der Störfaktor (Personalwechsel) Einfluss auf die Zielerreichung und die besagte Aufgabenerfüllung nach dem KJHG hat, soll in einem weiteren Teil des Fragebogens geklärt werden.

Hiernach stimmen 90% der Befragten zu, dass ein ständiger Personalwechsel Einfluss auf die oben benannten Größen hat. Ob dieser, die Beziehungsarbeit mit der Klientel negativ oder positiv beeinflusst, ist folglich zu untersuchen.

<u>Einfluss des Personalwechsels auf das Beziehungsverhalten der Klientel</u>

D)	1	2	3	4
D1 - durch den ständigen Beziehungsabbruch kann die emotionale Entlastung der Kinder nicht stattfinden	23%	50%	27%	0%
D2 - Beziehungsängste werden verstärkt	17%	47%	33%	3%
D3 - Vertrauen wird nicht mehr aufgebaut/ Verstärkung des Misstrauens	7%	33%	57%	3%
D4 - da der Beziehungsaufbau Grundlage für professionelles Handeln				

ist, kann die Fachkraft die Entwicklung der Klienten nur bedingt steuern und zum Positiven verändern	10%	47%	40%	3%
D5 - die Vorbereitung auf ein selbstständiges Leben in der Gesellschaft ist nicht mehr gewährleistet, da sich Kinder und Jugendliche distanzieren und mit Rückzug reagieren, d.h. Rückzug von der Gesellschaft	3%	10%	20%	67%

Tabelle 4:
Quelle: Eigene Darstellung

Da die Beziehung zum Klienten die Grundlage für professionelles Handeln ist, muss hier angesetzt werden. Um die Ziele und Aufgaben nach dem Gesetz zu erfüllen, ist vordergründig eine Beziehung zum Klienten aufzubauen, damit ein gutes und gemeinsames Arbeiten möglich ist. In der folgenden graphischen Darstellung wird gezeigt, wie sich die Beziehungsarbeit erschwert oder erleichtert, wenn Störfaktoren, wie ein ständiger Personalwechsel im Heimbereich, eine Rolle spielen.

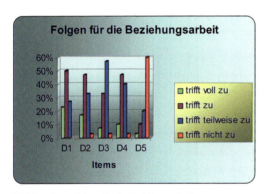

Abbildung 7: Folgen für die Beziehungsarbeit
Quelle: Eigene Darstellung

Aus der Tabelle und dem Diagramm werden genaue Vorstellungen der Befragten ersichtlich. Insgesamt 73% (D1: trifft voll zu + trifft zu) stimmen dem zu, dass durch den ständigen Personalwechsel die emotionale Entlastung der Kinder nicht stattfinden kann. Hierunter zählen unter anderem der Vertrauensaufbau, das sich Öffnen gegenüber anderen Personen und andere Emotionalitäten. Keiner der Befragten ist der Meinung, dass dies absolut nie der Fall ist und 23% sagen es trifft teilweise zu. Es ist eindeutig, dass die Mehrheit diesem Punkt zustimmt, dass ein Personalwechsel negativen Einfluss auf die Beziehungsaspekte der Klientel hat. In einem weiteren Punkt stimmen 17% voll zu, dass Beziehungsängste in jedem

Fall bei der Klientel verstärkt werden. Das heißt, die Ängste, die es in der Heimerziehung gilt abzubauen, werden durch einen ständigen Personalwechsel verstärkt. 47% sagen, dass dies so gut wie immer der Fall sei. 33% meinen, dies trifft nur teilweise zu und nur 3% stimmen dem gar nicht zu. Auch diese Auswertung des Items stimmt dafür, dass der Personalwechsel, nach Aussagen der Befragten, einen negativen Einfluss auf die Beziehungsarbeit mit der Klientel hat. Eine weitere Aussage, die hierauf aufbaut, ist die, ob der Vertrauensaufbau generell nicht mehr gewährleistet werden kann. Dem stimmten 7% voll zu, 33% stimmten dem einfach zu, die Mehrheit von 57% stimmte dem jedoch teilweise zu und ein geringer Teil von 3% stimmte dagegen. Im nächsten Item (D4) ging es darum, dass der Beziehungsaufbau, der die Grundlage für professionelles Handeln ist, so durch den Personalwechsel gestört wird, dass die Fachkräfte die Entwicklung der Klientel nur noch bedingt zum Positiven verändern können. Hier stimmten 10% der Aussage voll zu und 47% stimmten dem generell zu. Nur 3% stimmten nicht zu und 40% sagten, dass dies teilweise der Fall sei. Hier wird erkenntlich, dass Störfaktoren, wie der Personalwechsel, großen negativen Einfluss auf die Beziehungsarbeit in der Heimerziehung haben und demnach auch die Zielerreichung und Aufgabenerfüllung stark beeinträchtigt.

In einem weiteren Item (D5) soll eingeschätzt werden, ob der ständige Personalwechsel die Vorbereitung auf ein selbständiges Leben in der Gesellschaft gewährleistet, da sich die Kinder von den Fachkräften distanzieren und mit einem generellen Rückzug reagieren. Hier sprach sich die Mehrheit von 67% dagegen aus. Sie sind der Meinung, dass diese Entwicklung keine Folge eines ständigen Personalwechsels ist. 20% sagen, dass dies jedoch teilweise zutrifft, und 10% stimmen zu, das die Vorbereitung auf ein selbständiges Leben nicht mehr gewährleistet ist. Einer (3%) der dreißig Befragten stimmt der Aussage voll zu. Es wäre für die Arbeit in der Heimerziehung fatal, wenn ein Personalwechsel solche Folgen mit sich bringen würde. Bisher wurde immer von einer Beeinträchtigung der Zielerreichung sowie Aufgabenerfüllung gesprochen. Das heißt, der ständige Personalwechsel erschwert die Arbeit. Es heißt nicht, dass die Aufgaben und Ziele generell nicht mehr erreicht werden können, wie im vorigen Beispiel benannt.

Da der Schwerpunkt der Befragung bisher generell auf einem Störfaktor lag, beschäftigt sich die folgende Frage mit den in der Diplomarbeit benannten Störfaktoren und geht sogar darüber hinaus. In diesem Fragenkomplex sollen die Mitarbeiter/innen entscheiden, inwieweit bestimmte Faktoren Einfluss auf ihre Motivation Leistung zu erbringen haben. Dabei wurde der folgende Frageblock formuliert:

1. stark leistungsmotiviert 2. teilweise leistungsmotiviert
3. kaum leistungsmotiviert 3. demotiviert Leistung zu erbringen

E) Leistungsmotivierende Faktoren	1	2	3	4
E1 - Gehalt	37%	43%	20%	0%
E2 - gute Zusammenarbeit mit Kollegen	83%	17%	0%	0%
E3 - Beitrag leisten für Andere (Klienten)	53%	40%	7%	0%
E4 - ständiger Wechsel der Mitarbeiter	0%	10%	47%	43%
E5 - ständig neue Richtlinien, nach denen man arbeiten muss	0%	20%	33%	47%
E6 - Arbeitszeit (Schichtdienst)	0%	23,33¯%	33,33¯%	43,33¯%
E7 - befristete Arbeitsverträge	3%	30%	17%	50%

Tabelle 5:
Quelle: Eigene Darstellung

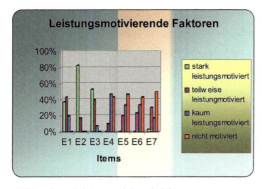

Abbildung 8: Leistungsmotivierende Faktoren
Quelle: Eigene Darstellung

Aus den graphischen Darstellungen geht hervor, dass sich die in der Diplomarbeit benannten Störfaktoren, wie die Arbeitszeit(E6), befristete Arbeitsverträge(E7) und der Personalwechsel(E4) negativ auf die Leistungsmotivation auswirken, indem meist der größte Teil für kaum leistungsmotiviert bis nicht leistungsmotiviert stimmte. Damit ist nicht gemeint, dass die Arbeit unter den Faktoren nicht mehr erbracht wird. Die Störfaktoren wirken sich lediglich auf die Person und ihre Motivation selbst aus. Wie das Personal damit umgeht, ist von der Situation und der Persönlichkeit abhängig. Das Gehalt, eine gute Zusammenarbeit mit den Kollegen und der Beitrag, den man für andere leistet, sind Faktoren die nach Aussagen der Mehrheit der Befragten zu einer Leistungsmotivation stark bis teilweise anregen. Es sind Faktoren die das Fachpersonal extrinsisch motivieren. Der Personalwechsel, die Einführung ständig neuer Richtlinien, die verbindlich sind, die Arbeitszeiten und befristete Arbeitsverträge wirken sich bei der Mehrheit teilweise kaum motivierend bis nicht motivierend aus. Man kann dieses Ergebnis aus den oben benannten Gründen nicht darauf beziehen, dass die Arbeit darunter nicht erbracht wird (Arbeitsmotivation). Es kann nicht eindeutig abgegrenzt werden, wo die Faktoren zu einer Leistungssteigerung und wo zu einem Leistungsabfall führen, da manche motivieren und andere nicht motivieren. Es wird ersichtlich, dass die Störfaktoren nicht motivierend sind. Inwieweit dies Folgen für die Befragten hat und wie sich dies auf ihre Arbeit auswirkt, ist hiermit nicht beantwortet worden. Im Literaturteil ist jedoch bestätigt worden, dass beispielsweise der Absentismus (Fernbleiben von der Arbeit) unter anderem aus motivational bedingten Entscheidungen hervorgerufen werden kann. Im Vordergrund ist jedoch immer die jeweilige Situation und Persönlichkeit zu sehen.

Mit Hilfe der Befragung sollten das Thema der Diplomarbeit und die sich daraus ergebenen Problemstellungen nachweisen und Folgen für die Heimerziehung aufzeigen lassen. Um die am Anfang der Auswertung aufgestellten Hypothesen zu bestätigen, ist ein kurzer Abriss der ermittelten Ergebnisse von Nöten. Dass ein ständiger Personalwechsel, die für die Heimerziehung so wichtige Beziehungsarbeit beeinträchtigt, wurde mehrfach bestätigt. Dies kam stark zum Ausdruck, als die Mehrheit der Befragten zustimmten, dass der Beziehungsaufbau, der die Grundlage für professionelles Handeln ist, das Arbeiten der Fachkräfte behindert und somit eine Entwicklung der Kinder zum Positiven nur noch bedingt gesteuert werden kann (Tabelle „D"). Die Aufgaben der Heimerziehung bestehen mit unter darin, eine positive Verhaltensänderung bei der Klientel herbeizuführen. Durch den besagten Störfaktor ist dies beeinträchtigt. Auch der Faktor, dass Beziehungsängste verstärkt werden, lässt eine Beeinträchtigung der Beziehungsarbeit ersichtlich werden. Hinzu kommen Bestätigungen der Mitarbeiter/innen, die besagen, dass Kinder nur wenig emotionale Nähe zum neuen Personal zulassen und nur bedingt Vertrauen fassen. Dieses bedarf sehr viel Zeit, die meist nicht gegeben ist (Tabelle „B"). Durch die Umstände, dass neues Personal eingearbeitet werden und sich in die Gruppe sowie das Team integrieren muss, reagieren die Mitarbeiter/innen überwiegend stark frustriert und schätzen den ständigen Wechsel für sehr negativ ein (Tabelle "A"). Hierbei finden die Emotionen Ausdruck in der Arbeit. Es fällt den frustrierten Mitarbeitern meist sehr schwer, ihre Gefühle zu verbergen und die Personen, die das bemerken, sind die Kinder und Jugendlichen der Gruppe. Die Mitarbeiter/innen können zur Zielscheibe von Emotionen werden. Auch das gemeinsame Arbeiten zwischen Kontakterziehern und den Klienten wird erschwert. Indem neue Fachkräfte in die Gruppe kommen und ziemlich zeitig Kinder zugewiesen bekommen, mit denen sie eng zusammenarbeiten müssen, erschwert sich der Beziehungsaufbau. Es ist in der Heimerziehung sehr wichtig, dass das gemeinsame Handeln im Einverständnis der beteiligten Parteien erfolgt. Dies ist meist nur durch ein gutes Verhältnis zueinander gewährleistet. Da die Kontakterzieher ihre zugewiesenen Kinder genau kennen und einschätzen sollen, ist ein Verhältnis, das auf Sympathie beruht, sehr wichtig. Welches Kind mit welcher Fachkraft gut auskommt und Vertrauen aufgebaut hat, ist erst nach einer Weile zu erkennen. Aus diesem Grund sollte Zeit beim Kennenlernen gegeben werden. In der Befragung wird deutlich, dass die Praxis dies nicht vorsieht. Die Mehrheit der Befragten wird sehr schnell ihren Kontaktkindern zugewiesen. Diese sind der Meinung, dass eine zeitige Zuweisung schlecht für den Beziehungsaufbau ist und ihn noch mehr hinauszögert. Da jedoch befristete Arbeitsverträge und wechselndes Personal kein feststehendes und auf Dauer vorhandenes Personal gewährleistet, bleibt hierfür meist keine Zeit. Die genannten Störfaktoren beeinträchtigen nicht nur den Beziehungsaufbau, sondern wirken sich auch auf die Motivation Leistung zu erbringen aus. Zusammenfassend ist zu sagen, dass die Befragung nachgewiesen hat, dass der Personalwechsel negativen Einfluss auf das Beziehungsverhalten der Klientel hat und sich somit auf eine Zusammenarbeit mit der Fachkraft auswirkt. Die Ziele und Aufgaben können erledigt werden, aber nur unter erschwerten Bedingungen. Das Ziel nachzuweisen, ob sich die Störfaktoren auf die Zielerreichung und Aufgabenerfüllung auswirken, ist indirekt erfolgt. Die Beziehungsarbeit ist Grundlage für die Zielerreichung und Aufgabenerfüllung der Heimerziehung. Diese wird durch die Störfaktoren beeinträchtigt und wirkt sich somit negativ auf die Zielerreichung und Aufgabenerfüllung aus. Hierbei bedingt eins das andere.

Eine weitere Hypothese die aufgestellt worden ist, konnte mit Hilfe der Befragung und den daraus ermittelten Ergebnissen bestätigt werden. Durch die vorzeitige Zuweisung der Kontaktkinder an neues Personal, das man kaum kennt, gestaltet sich ein Beziehungsaufbau anfänglich als sehr schwierig und dauert noch länger als nötig. Somit erzielt ein pädagogisches Handeln, dass zu einer Verbesserung der gegebenen Umstände führen soll, erst spät Erfolge.

Dass die Störfaktoren einen beträchtlichen Einfluss auf die Leistungsmotivation haben, konnte nur teilweise nachgewiesen werden. Aus Sicht der Befragten haben bestimmte

Faktoren Einfluss auf die Leistung, wie sich dies jedoch äußert, ist nicht aufgezeigt worden. Ob die Leistung darunter leidet und inwieweit dies den Erfolg der Heimerziehung beeinträchtigt, ist nicht nachgewiesen worden. Fakt ist, dass der Störfaktor des Personalwechsels einen negativen Einfluss hat. Hieraus kann man schlussfolgern, dass alle Störfaktoren, die letztendlich zu Absentismus und Personalfluktuation führen, negativen Einfluss auf die Heimerziehung haben können. Eine Abwesenheit von Personal oder ein ständiger Weggang kann zu keiner stabilen und kontinuierlichen Beziehungsarbeit, die so wichtig für die Heimerziehung ist, führen. Somit wird ersichtlich, dass die Beziehungsarbeit, die, wie belegt worden ist, Grundlage einer erfolgreichen Heimerziehung ist, durch bestimmte Faktoren beeinträchtigt werden kann und somit Auswirkungen auf die Mitarbeiter/innen und demzufolge auf die Klientel hat. Dies ist sehr wichtig zu erkennen um rechtzeitig reagieren zu können. Damit sich das Personal der befragten Einrichtungen reflektierend mit der Problematik auseinandersetzt, ist zudem die Frage nach Verbesserungsvorschlägen gestellt worden. Dabei sind folgende Ergebnisse zustande gekommen, die unter anderem für den nachfolgenden Teil der Lösungsansätze nutzbar gemacht werden können. Im Vorfeld ist zu sagen, dass 30% der Befragten keine Stellung dazu nahmen.

Es wurden dennoch eindeutige Ergebnisse ermittelt. Die Veränderungsvorschläge waren bei den meisten sehr einheitlich und stützten sich vorwiegend auf die benannten Störfaktoren. Die Mehrheit hegte dabei den Wunsch, mehr Zeit für die Kinder und Jugendlichen im Heim zu haben. Hinzu kommt der Wunsch nach kleineren Gruppen und mehr Personal. Viele der Befragten erhoffen sich eine höhere Entlohnung für die geleistete Arbeit und eine bessere Lobby im politischen Sinn. Einige der Befragten wünschen sich in ihrem Arbeitsfeld ein beständiges Team von Fachkräften, das zusätzlich mit Hilfe flexibel einsetzbarer Arbeitskräfte ausgestattet ist. Bessere Arbeitszeiten und bessere Mitarbeiterpflege waren unter anderem Punkte, an denen sich aus Sicht der Mitarbeiter/innen etwas ändern sollte. Die Befragung fand somit noch einmal eine Bestätigung darin, dass die Mehrheit sich mit der Problematik auseinander gesetzt hat und über die Problemstellung nachgedacht bzw. reflektiert hat. Dennoch treffen die angegebenen Wünsche keine eindeutige Aussage über Lösungen der Problematik. Aus diesem Grund befasst sich der folgende Punkt mit Lösungsansätzen der aktuellen Problematik.

9. Lösungsansätze

Dem Literaturteil der Arbeit sind einige Vorschläge zu entnehmen, wie es im Heimbereich sein sollte, damit ein Setting geschaffen ist, in dem man die Hilfe im vollen Maße erbringen kann. So sprach sich Unzner schon am Anfang darüber aus, dass kleine familienähnliche Gruppen den Aufbau verlässlicher Beziehungen günstig gestalten. Hierdurch soll durch ein feinfühliges Eingehen auf die emotionale Befindlichkeit der Kinder und emotionale Unterstützung in belastenden Situationen gewährleistet werden. (vgl. Unzner in Hofer, Wild & Noack, 2002, S.66) In den Vorstellungen der befragten Mitarbeiter/innen ist dies immer wieder ein Anliegen gewesen. Kleine Gruppen sind für sie eine Möglichkeit ein besseres Arbeitsumfeld zu schaffen. Durch eine geringere Gruppenstärke und einen entsprechenden Personalstamm haben die Fachkräfte mehr Zeit, sich den Befindlichkeiten der Klientel zu widmen. Es können enge Beziehungen gestaltet werden, auf die sich ein gemeinsames Arbeiten aufbauen lässt. Hierzu muss jedoch ein beständiges und festes Fachpersonal vor Ort sein. Um zu vermeiden, dass neue Mitarbeiter/innen den Druck und den Anforderungen der Heimerziehung nicht standhalten können und die Einrichtung schnell wieder verlassen, sollte sich für die Einweisung des neuen Personals viel Zeit genommen werden. Bevor sie anfangen zu arbeiten, ist es notwendig, sie über alle Vor- und Nachteile aufzuklären. Durch eine Qualitätsbeschreibung der Einrichtung ist zudem eine genaue Stellenbeschreibung der neuen Fachkraft gegeben. Hiernach kann herausgefiltert werden, wer dem Anforderungsprofil der Einrichtung entspricht und wer nicht. Außerdem sollte dem neuen Personal eine Probezeit von mindestens einem halben Jahr eingeräumt werden. In dieser Zeit soll er die Möglichkeit erhalten, in allen Kinder- und Jugendgruppen tätig zu werden, um herauszufinden, in welcher er sich wohl fühlt und sich auf die Kinder am besten einlassen kann. Durch diesen Vorgang kann ausgeschlossen werden, dass sich die Mitarbeiter nach kurzer Zeit im Team unzufrieden fühlen und die Gruppe wechseln. Gleichfalls wird die Möglichkeit minimiert, dass der Vorgesetzte entscheidet, die Mitarbeiter/innen in andere Gruppen zu versetzen. Ein fester Personalstamm kann auf diesem Weg eingeführt werden. Dieser soll zu Stabilität und Kontinuität im Hilfeprozess führen. Somit ist die Zeit und das Personal gegeben, dass benötigt wird, um einen erfolgreichen Hilfeprozess gewährleisten zu können.

Sollte dennoch ein Wechsel des Personals aus bestimmten Gründen erfolgen, sind die Kinder schonend auf Beziehungsabbrüche vorzubereiten. Der Weggang muss so dargelegt werden, dass dies für die Kinder nachvollziehbar ist.

Es muss den neuen Mitarbeitern zudem genügend Zeit gegeben werden, sich auf die Kinder einzulassen und sie kennenzulernen. Im Anschluss daran sollte die Möglichkeit eingeräumt werden, die Kontaktkinder selbst auszuwählen. Durch die freie Auswahl des Kontakterziehers hat das Kind/der Jugendliche meist schon ein sympathisches Verhältnis zur ausgewählten Person aufgebaut und das gemeinsame Erarbeiten von Zielen wird ihnen leichter gemacht.

Hinzu kommen die für die Einrichtung wichtigen Mitarbeiterbefragungen. Hierdurch fühlen sich die Mitarbeiter/innen gebraucht und können zu einer Verbesserung der gegebenen Umstände beitragen. Wie schon im Teil der Qualitätsbeschreibungen angeführt, ist es wichtig, die Mitarbeiter regelmäßig nach ihrer Meinung zu befragen und Beschwerden offen entgegenzunehmen, um Verbesserungen der gegebenen Umstände herbeiführen zu können.

Qualitätsbeschreibungen sollten danach beurteilt werden, was und wie sie über den Alltag berichten. Sie sollten sichtbar machen, inwieweit die pädagogischen Fachkräfte an ihrer Arbeit interessiert sind und ob ihnen die Arbeit Spaß bringt. Ganz wichtig und im Vordergrund stehend sind die Kinder und Jugendlichen. Mit Hilfe der Qualitätsbeschreibung will man herausfinden, ob sie vom Sozialpädagogen gemocht und angenommen werden.

Dieses Sichtbar - Machen von Problemen ist nicht nur wichtig für die Klientel (Kunden) und die Arbeitszufriedenheit der Mitarbeiter/innen, sondern auch für die öffentlichen Träger, die nur finanzielle Unterstützung gewährleisten, wenn der freie Träger dementsprechend gute Arbeit vorweisen kann. Erfolge können kaum erzielt werden, wenn die Probleme in den Einrichtungen nie beleuchtet und transparent gemacht werden. Andernfalls könnten sie zu einer immer größeren Belastung werden und sich am Ende beträchtlich auf die Arbeit zwischen dem Klienten und der Fachkraft auswirken.

Weitere Lösungsansätze liegen in einer vertraglichen Regelung, welche auf befristete Arbeitsverträge generell verzichtet. Dies wird in der Realität kaum durchsetzbar sein, da sich die Einrichtungsleiter mit befristeten Arbeitsverträgen argumentativ absichern können. Für einige Einrichtungen sind befristete Arbeitsverträge auch zum Vorteil ausgelegt.

Indem den Mitarbeitern bei guter Arbeitsleistung versprochen wird, einen unbefristeten Arbeitsvertrag zu erhalten, wird erkennbar, wer dem Anforderungsprofil im vollen Umfang entspricht. Das heißt, die Mitarbeiter/innen die ein Interesse an einer unbefristeten Übernahme im Unternehmen haben, geben sich besonders Mühe den gestellten Anforderungen zu entsprechen. Hierdurch wird ersichtlich, inwieweit der Mitarbeiter qualifiziert ist den Stand der Heimerziehung folge zu leisten. So werden zudem qualifizierte Fachkräfte gewonnen. Die Befristung kann als Probezeit, in der man sich bewähren muss, angesehen werden. Dies wäre eine Möglichkeit, einen Vorteil aus befristeten Arbeitsverträgen zu ziehen.

Bezüglich des Störfaktors Arbeitszeit können kaum Veränderungen vorgeschlagen werden. Da den Kindern den ganzen Tag Fachkräfte zur Seite gestellt werden müssen, ist hier der Schichtdienst unumgänglich. Dennoch kann durch den Einsatz von mehr Personal eine flexiblere Arbeitszeitverteilung gewährleistet werden. Die Mitarbeiter hätten mehr Zeit für sich und ihre Familie. Weniger Stunden würden allerdings auch weniger Geld bedeuten und weniger Zeit für die Kinder und Jugendlichen im Heim. Somit gestaltet sich der Vorteil der Mitarbeiter/innen zum Nachteil der Kinder. Was die gewünschte Verbesserung der Arbeitszeitregelung betrifft, ist keine Lösung zu finden, die die Interessen aller Beteiligten gleichermaßen berücksichtigt. Dennoch ist es wichtig, die Mitarbeiter/innen regelmäßig zu befragen und ihre Sichtweise nicht nur zur Kenntnis zu nehmen, sondern gegebenenfalls auch Abhilfe zu schaffen.

Eine Erfolgsbilanz sollte regelmäßig gezogen werden, um aufzeigen zu können, wo die Fachkräfte erfolgreich waren und an welchen Problemstellungen noch gearbeitet werden muss. Mit Hilfe von Lob und Anerkennung kann hier ein besseres Arbeitsgefühl vermittelt werden.

Eine generelle Lösung, welche die Auswirkungen der benannten Störfaktoren vermeidet, gibt es nicht. Es kann nur mit Ansätzen und Vorschlägen gearbeitet werden. Ob diese Vorschläge in die Praxis umgesetzt werden, bleibt offen und im Interesse jeder einzelnen Einrichtung.

Es sollte in jedem Fall rechtzeitig gehandelt werden, um mögliche negative Folgen zu vermeiden.

Somit kann der gesamte Erziehungsprozess im Heim für die Kinder und Jugendlichen einerseits und für die pädagogischen Fachkräfte andererseits optimiert werden und den sich ständig verändernden Situationen anpassen.

10. Schlusswort und Reflexion

Sozialpädagogen haben als Fachkräfte der Heimerziehung eine außerordentliche Aufgabe zu erfüllen. Sie versuchen einerseits den Kindern und Jugendlichen im Heim zu helfen und müssen andererseits den Anforderungen der Einrichtungsleitung und deren Kooperationspartnern sowie den Erwartungen der am Hilfeprozess beteiligten Personen entsprechen. Um allen dennoch gerecht zu werden, liegt der Schwerpunkt auf einem Erfolg im Ergebnis des Hilfeprozesses mit dem Klienten. Die Grundlage hierfür liegt wiederum in der Beziehungsarbeit zwischen dem Klienten und der Fachkraft. Da Menschen Zeit ihres Lebens in Beziehungen zu anderen stehen, sollten sie die Fähigkeit dazu besitzen offen auf andere zugehen zu können. Dies beginnt mit der ersten Freundschaft, der ersten Berufsausbildung, der ersten Partnerschaft und zieht sich wie ein roter Faden durch das Leben eines jeden. Da die Beziehungs- und Bindungserfahrungen vieler Kinder nicht immer entwicklungsfördernd sind und beeinträchtigende Auswirkunken auf das Verhalten der Heranwachsenden haben können, sollte hier in Form verschiedener Hilfemaßnahmen gehandelt werden. Eine Art Hilfe zu erbringen, liegt in der Heimerziehung. Es ist meist die letzt gewählte Hilfsform, da die Klienten aus ihrem bisher „normalen" Umfeld entnommen werden und in ein neues Umfeld eingegliedert werden müssen. Für eine begrenzte Zeit verändert sich das Lebensumfeld der Kinder und Jugendlichen. Um hier einen Ort zu finden an den man sich wohlfühlen kann und an den Veränderungen der bisherigen Verhaltensweisen herbeigeführt werden sollen, müssen die dort tätigen Fachkräfte mit Professionalität und pädagogischen Handeln agieren. Mit Hilfe der Fachkräfte (Sozialpädagogen und Erzieher) sollen die gesetzlich vorgegebenen Ziele und Aufgaben der Heimerziehung und die selbst formulierten Ziele und Aufgaben erreicht und erfüllt werden. Dies zu schaffen, bedarf einer Arbeitsgrundlage, die auf Vertrauen, Akzeptanz, Wertschätzung und einer liebevollen Umgebung basiert. Mittels einer fachlichen Beziehungsarbeit ist dies zu gewährleisten. Im Mittelpunkt des Hilfeprozesses stehen immer die Klienten. Dennoch ist ein gewisses Maß an beruflicher Qualifizierung und Arbeitszufriedenheit auf Seiten der Mitarbeiter/innen gefordert. Um die Klienten auf ein besseres Leben vorbereiten zu können, in dem sie offen Beziehungen gestalten können, ist eine kontinuierliche und stabile Anwesenheit der Fachkräfte im Heim gefordert. Damit die Qualität der Arbeit gewährleistet wird, ist zudem nach den Richtlinien der Struktur-, Prozess- und Ergebnisqualität zu arbeiten. Erfolge können hier nur erzielt werden, wenn alle

Beteiligten am Hilfeprozess im gemeinsamen Tun handeln, sich aufeinander einlassen können und zufrieden sind mit dem bisher Erreichten. Dies kann nur durch eine Transparenz der Hilfsmaßnahmen sichtbar gemacht werden. So genannte Hilfeplangespräche sind dafür gut geeignet. Hier werden Zielerreichungen und die Veränderungen während der Hilfen besprochen. Dabei schätzen die Kontakterzieher und der Klient die Lage selbst ein, um über den Zweck einer eventuellen Weiterführung der Hilfe zu sprechen. Ein Erfolg der Heimerziehung, der unter anderem, im Erreichen der gestellten Ziele und Aufgaben der Heimerziehung liegt, ist von der professionellen Beziehungsarbeit, die im Vorfeld geleistet worden ist, abhängig. Die Beziehungsarbeit kann jedoch durch bestimmte Faktoren beeinträchtigt werden und sich dementsprechend auf die Arbeitszufriedenheit und Motivation der Fachkräfte negativ auswirken. Dabei ist die Rede von Störfaktoren wie befristete Arbeitsverträge, die Arbeitszeitregelungen, ein ständiger Personalwechsel und Personalmangel sowie die daraus folgende Personalfluktuation, die sich auf die Zielerreichung und Aufgabenerfüllung der Heimerziehung beeinträchtigend auswirken. Befristete Arbeitsverträge gewährleisten keine stabile und kontinuierliche Arbeit mit dem Klienten, da der Mitarbeiter dem Klienten nur für eine begrenzte Zeit zur Verfügung steht. Ein Einlassen auf die Hilfe wird zudem erschwert. Die Arbeitszeiten lassen den Mitarbeitern kaum private Zeit und verlangen viel Flexibilität ab. Hinzu kommt der Mangel an Personal und der Personalwechsel, welche keine beständige Arbeit mit dem Klienten zulassen. Aus Gründen des Personalwechsels werden zusätzlich die Ängste, die es gilt abzubauen, verstärkt. Ein Weggang der Fachkräfte an die man sich gewöhnt hat, denen man vertraut hat und mit denen man zusammenarbeiten wollte, verstärkt die Beziehungsunfähigkeit der Klientel. Ein erneuter Beziehungsaufbau gestaltet sich aus diesem Grund immer schwerer. Neben der Beziehungsarbeit, treten durch die Störfaktoren, noch andere negative Folgen für die Mitarbeiter/innen auf. Es sind belastende Faktoren die sich auf die Arbeitszufriedenheit und Motivation, die Leistung im vollen Umfang zu erbringen, auswirken. Auf lange Sicht können die immer höher werdenden Anforderungen an das Fachpersonal zu belastenden Faktoren führen, die eine generelle Abwesenheit vom Arbeitsplatz bedeuten kann. Aus diesen Gründen, müssen die Einrichtungen der stationären Erziehungshilfe rechtzeitig handeln, denn sonst hat es fatale Folgen in der Zukunft. Durch regelmäßige Mitarbeiterbefragungen und auch Klientenbefragungen kann dem vorgebeugt und eventuell eine Lösung der Problematik herbeigeführt werden. Wichtig für die Arbeit der Heimerziehung ist es, dass der Blick für die wichtigen Dinge nie verloren geht, denn es sind die Klienten denen man helfen will und die sozialpädagogischen Fachkräfte, die ihre Hilfe anbieten.

Anhang

Fragebogen

1. Geschlecht: männlich ☐   weiblich ☐

2. Alter: _____

3. Art der Einrichtung?   _____

4. Welche Qualifikation haben Sie?

   Dipl. Sozialpädagoge(in)   ☐
   Heilpädagoge(in)   ☐
   BA – Student (Dipl. Sozialpädagoge(in)) ☐
   Erzieher(in)   ☐
   Therapeut(in)   ☐
   Sonstiges   ☐

5. Seit wann arbeiten Sie in dieser Einrichtung?

   zwischen 6 Monate und 1 Jahr   ☐
   seit 1-3 Jahren   ☐
   länger als 3 Jahre   ☐

6. Wurde mit Ihnen ein Arbeitsvertrag nach Tarif abgeschlossen?
   Ja ☐   Nein ☐

7. Sind Sie befristet angestellt und wenn ja für wie lange?
   Ja ☐   Nein ☐

   _____

Bitte beantworten Sie folgende Fragen, wenn Sie bereits länger als 1 Jahr in Ihrer gegenwärtigen Einrichtung angestellt sind:

8. Haben Sie innerhalb der Einrichtung die Teams gewechselt?
(Mehrfachnennung möglich)
Ja ich musste wechseln ☐   Ja ich wollte wechseln ☐
Bisher keinen Wechsel vollzogen   ☐

9. Wie oft haben Sie die Gruppen bisher gewechselt?
_____

10. Wie haben Sie den Wechsel empfunden?
Er fiel mir leicht. ☐   Er fiel mir schwerer. ☐   Er fiel mir sehr schwer. ☐
Ich habe mich bisher noch nicht umstellen können. ☐

11. Ich brauchte [_____] [12] um mich in der neuen Gruppe einzuleben.

12. Wie wurden Sie in Ihrem neuen Team aufgenommen?(letzter Wechsel)
Sehr gut ☐   Gut ☐   Weniger gut ☐   Schlecht ☐

13. Wie ist die Reaktion auf den ständigen[13] Wechsel der Mitarbeiter/innen im Team?
1→ trifft voll zu   2→ trifft zu   3→ trifft teilweise zu   4→ trifft nicht zu

A) Die Reaktion der Mitarbeiter auf den ständigen Personalwechsel ist:	1	2	3	4
- sehr gut, da der Beruf Flexibilität mit sich bringt und neue Mitarbeiter neue Ideen umsetzen können				
- entspannt, da die ganze Gruppe frischen Wind bekommt				
- gewöhnungsbedürftig, da sich die komplette Gruppe umstellen muss				
- frustriert, da die Kinder und Jugendlichen aus unserer Sicht immer wieder Beziehungsabbrüche durchmachen und neues Vertrauen aufbauen müssen. Dies erschwert die Zusammenarbeit mit Ihnen				
- sehr schlimm, da das immer wieder neue Einarbeiten neuer Mitarbeiter Zeit benötigt, die den Kindern/Jugendlichen nicht gegeben werden kann				

14. Finden Sie, dass ein ständiger Personalwechsel Einfluss auf die Kinder und Jugendlichen hat?
Keinen Einfluss ☐   Wenig Einfluss☐   Großen Einfluss ☐

---

[12] Ungefähre Zeitangabe
[13] Ein ständiger Wechsel ist hier als ein Wechsel der in einem halbjährlichen Rhythmus erfolgt, zu verstehen.

14a) Wenn es Ihrer Meinung nach Einfluss hat, inwieweit äußert sich dies im Verhalten der Kinder/Jugendlichen?

1→ trifft voll zu 2→ trifft zu 3→ trifft teilweise zu 4→ trifft nicht zu

B)	1	2	3	4
Die Kinder und Jugendlichen gehen offen damit um und versuchen sich schnell auf die neue Situation einzustellen.				
Die Kinder und Jugendlichen bauen schnell Vertrauen zu neuen Mitarbeitern auf und gehen offen auf sie zu.				
Die Kinder und Jugendlichen tasten sich langsam an die neue Situation heran. Sie sind sehr vorsichtig und gehen mehr auf Distanz.				
Die Kinder und Jugendlichen suchen wenig emotionale Nähe zum neuen Personal und fassen nur bedingt Vertrauen. Der Beziehungsaufbau und Vertrauensaufbau bedürfen viel Zeit.				
Die Kinder und Jugendlichen lassen nur noch schwer neues Personal an sich heran und machen eine Zusammenarbeit unmöglich.				
Die Kinder und Jugendlichen bauen eine Abwehrhaltung auf und versuchen das gesamte Team gegeneinander auszuspielen.				

15. Wie reagieren die Kinder in der Gruppe auf neue „Mitarbeiter" Ihrer Meinung nach?

1→ trifft voll zu 2→ trifft zu 3→ trifft teilweise zu 4→ trifft nicht zu

C)	1	2	3	4
Sie verhalten sich korrekt und gehen von Anfang an offen auf den neuen Mitarbeiter zu				
Sie reagieren mit gemischten Gefühlen und tasten sich langsam vor. Dies zeigt sich in anfänglicher Zurückhaltung die später als neugierige Haltung initiiert wird. Das heißt, sie stellen Fragen.				
Sie versuchen die Grenzen des neuen Mitarbeiters mit schlechten Verhalten auszutesten				
Sie verhalten sich Ignorant				
Ihr Verhalten lässt zu wünschen übrig.				

16. Wie war es, als sie Kontaktkinder zugewiesen bekommen haben?
    (Mehrfachbenennungen möglich)
    Ich hatte Zeit alle Kinder kennenzulernen ☐
    Ich konnte mir die Kontaktkinder auswählen ☐
    Mir wurden relativ zeitig[14] die Kontaktkinder zugewiesen ☐

16a) Wie wirkt sich die zeitige Zuweisung Ihrer Meinung nach auf den Beziehungsaspekt zwischen Fachkraft und Heimbewohner aus?

Man hat nicht genügend Zeit die Kinder kennenzulernen und konnte keine Beziehung auf der Vertrauen basiert aufbauen. Somit wird eine Zusammenarbeit zwischen Fachkraft und Klient anfänglich erschwert. ☐

Ein Beziehungsaufbau ist selten möglich, da sich Klient und Fachkraft in eine Sache gedrängt fühlen und bei beiden Parteien ein gezwungenes Zusammenarbeiten nicht erwünscht ist. ☐

17. Sind Sie der Meinung, dass ein ständiger Personalwechsel Einfluss auf die Zielerreichung sowie die Aufgabenerfüllung der Heimerziehung nach §34 SGB VIII hat? Ja ☐ Nein ☐

17a) Wenn ja, inwieweit könnte sich dies äußern?

1→ trifft voll zu 2→ trifft zu 3→ trifft teilweise zu 4→ trifft nicht zu

D)	1	2	3	4
- durch den ständigen Beziehungsabbruch kann die emotionale Entlastung der Kinder nicht stattfinden				
- Beziehungsängste werden verstärkt				
- Vertrauen wird nicht mehr aufgebaut/ Verstärkung des Misstrauens				
- da der Beziehungsaufbau Grundlage für professionelles Handeln ist, kann die Fachkraft die Entwicklung der Klienten nur bedingt steuern und zum Positiven verändern				
- die Vorbereitung auf ein selbstständiges Leben in der Gesellschaft ist nicht mehr gewährleistet, da sich Kinder und Jugendliche distanzieren und mit Rückzug reagieren, d.h. Rückzug von der Gesellschaft				

---

[14] Zuweisung erfolgte in den ersten zwei Wochen nach Arbeitsantritt in der neuen Gruppe.

19. Inwieweit haben folgende Begrifflichkeiten Einfluss auf Ihre Leistungsmotivation?

1→stark leistungsmotiviert 2→teilweise leistungsmotiviert
3→kaum leistungsmotiviert 4→nicht motiviert Leistung zu erbringen

E)	1	2	3	4
- Gehalt				
- gute Zusammenarbeit mit Kollegen				
- Beitrag leisten für Andere (Klienten)				
- ständiger Wechsel der Mitarbeiter				
- ständig neue Richtlinien, nach denen man arbeiten muss				
- Arbeitszeit (Schichtdienst)				
- befristete Arbeitsverträge				

20. Wenn Sie etwas zum jetzigen Zeitpunkt ändern könnten, was wäre das?

_____
_____
_____
_____
_____

Die Verfasserin bedankt sich herzlich für den Arbeitsaufwand beim Ausfüllen des Fragebogens.

Auswertung des Fragebogens

Geschlecht: weiblich: 73% männlich: 26%

Altersspanne: von 22 bis 53 Jahre

Art der Einrichtung: stationäre Jugendhilfe

Qualifikation: Diplom Sozialpädagogen (10)[15]: 40%
Heilpädagogen (2): 7%
BA – Studenten : 0%
Erzieher/innen(15): 50%
Therapeuten(1): 3%
sonstiges: keine Angaben

Seit wann arbeiten Sie in dieser Einrichtung?
zwischen 6 Monate und 1 Jahr: 0%
seit 1-3 Jahren(7): 23%
länger als 3 Jahre(23): 77%

Wurde mit Ihnen ein Arbeitsvertrag nach Tarif abgeschlossen?
ja(15): 50%
nein(15): 50%

Sind Sie befristet angestellt und wenn ja für wie lange?
ja(14): 47%
nein(16): 53%

Von 47%, sprich 14 Befragten, sind
1 Person auf 1Jahr befristet: 7%
9 Personen auf 2Jahre befristet: 64%
und **4** Personen auf 3Jahre befristet angestellt: 29%

---

[15] Dies ist die Anzahl der Befragten die ihr Kreuz an der Stelle machten.

Haben sie innerhalb der Einrichtung die Teams gewechselt?
(Mehrfachnennung möglich)

ja ich wollte wechseln(1):	3%
ja ich musste wechseln(14):	47%
beides(4):	13%
Bisher keinen Wechsel vollzogen(11):	37%

Wie oft haben sie die Gruppe bisher gewechselt?

einmal(5):	17%
zweimal(3):	10%
dreimal(3):	10%
viermal(4):	13%
fünfmal(1):	3%
sechsmal(2):	7%
siebenmal(1):	3%
Keine Stellungnahme(11):	37%

Wie haben Sie den Wechsel empfunden?

Er fiel mir leicht(6):	20%
Er fiel mir schwer(7):	23%
Er fiel mir schwerer(6):	20%
Ich habe mich bisher noch nicht umstellen können:	0%
Keine Stellungnahme(11):	37%

Eingewöhnungszeit:

2 Wochen(1):	3%
1-2 Monate(11):	37%
3 Monate(3):	10%
4 Monate(1):	3%
6 Monate(3):	10%
Keine Stellungnahme(11):	37%

Wie wurden Sie in Ihrem neuen Team aufgenommen (ausgehend vom letzten Wechsel)?

Hierbei antworteten auch Personen die generell neu in ein Team kamen, das heißt es war ihr erster Arbeitstag in der Einrichtung.

sehr gut(13):	43%
gut(8):	27%
weniger gut:	0%
schlecht:	0%
Keine Stellungnahme(9):	30%

Wie ist die Reaktion auf den ständigen Wechsel der Mitarbeiter/innen im Team?

Die Antworten in Prozenten sind in den jeweiligen Kästchen nachzulesen.

1. trifft voll zu   2. trifft zu
3. trifft teilweise zu   4. trifft nicht zu

A) Die Reaktion der Mitarbeiter auf den ständigen Personalwechsel ist	1	2	3	4
- sehr gut, da der Beruf Flexibilität mit sich bringt und neue Mitarbeiter neue Ideen umsetzen können	3,33¯%	23,33¯%	53,3¯%	20%
- entspannt, da die ganze Gruppe frischen Wind bekommt	0%	13,33¯	63,33¯	23,33¯
- gewöhnungsbedürftig, da sich die komplette Gruppe umstellen muss	13%	60%	20 %	7%
- frustriert, da die Kinder und Jugendlichen aus unserer Sicht immer wieder Beziehungsabbrüche durchmachen und neues Vertrauen aufbauen müssen. Dies erschwert die Zusammenarbeit mit Ihnen	50%	33%	10%	7%
- sehr schlimm, da das immer wieder neue Einarbeiten neuer Mitarbeiter Zeit benötigt, die den Kindern/Jugendlichen nicht gegeben werden kann	17%	47%	23%	13%

Finden Sie, dass ein ständiger Personalwechsel Einfluss auf die Kinder und Jugendlichen hat?

Keinen Einfluss:	0%
wenig Einfluss:	0%
großen Einfluss(30):	100%

Wenn es Ihrer Meinung nach Einfluss hat, inwieweit äußert sich dies im Verhalten der Kinder/Jugendlichen?   1. trifft voll zu   2. trifft zu
3. trifft teilweise zu   4. trifft nicht zu

B)	1	2	3	4
Die Kinder und Jugendlichen gehen offen damit um und versuchen sich schnell auf die neue Situation einzustellen.	3,33¯%	13,33¯%	53,33¯%	30%
Die Kinder und Jugendlichen bauen schnell Vertrauen zu neuen Mitarbeitern auf und gehen offen auf sie zu.	0%	7%	56%	37%
Die Kinder und Jugendlichen tasten sich langsam an die neue Situation heran. Sie sind sehr vorsichtig und gehen mehr auf Distanz.	7%	50%	33%	10%
Die Kinder und Jugendlichen suchen wenig emotionale Nähe zum neuen Personal und fassen nur bedingt Vertrauen. Der Beziehungsaufbau und Vertrauensaufbau bedürfen viel Zeit.	30%	30%	33%	7%
Die Kinder und Jugendlichen lassen nur noch schwer neues Personal an sich heran und machen eine Zusammenarbeit unmöglich.	3,33¯%	23,33¯%	33,33¯%	40%
Die Kinder und Jugendlichen bauen eine Abwehrhaltung auf und versuchen das gesamte Team gegeneinander auszuspielen.	10%	16,66¯%	46,66¯%	26,66¯%

Wie reagieren die Kinder der Gruppe auf neue „Mitarbeiter" Ihrer Meinung nach?
1. trifft voll zu   2. trifft zu
3. trifft teilweise zu   4. trifft nicht zu

C)	1	2	3	4
Sie verhalten sich korrekt und gehen von Anfang an offen auf den neuen Mitarbeiter zu	0%	10%	63%	27%
Sie reagieren mit gemischten Gefühlen und tasten sich langsam vor. Dies zeigt sich in anfänglicher Zurückhaltung die später als neugierige Haltung initiiert wird. Das heißt, sie stellen Fragen.	20%	47%	30%	3%
Sie versuchen die Grenzen des neuen Mitarbeiters mit schlechten Verhalten auszutesten.	30%	27%	43%	0%
Sie verhalten sich Ignorant	3%	7%	57%	33%
Ihr Verhalten lässt zu wünschen übrig.	3,33¯%	10%	63,33¯%	23,33¯%

Wie war es, als sie Kontaktkinder zugewiesen bekommen haben? (Mehrfachnennungen möglich)

Ich hatte Zeit die Kinder Kennenzulernen(5):	16,66 %
Ich konnte mir die Kontaktkinder auswählen(2):	6,66 %
Mir wurden relativ zeitig die Kontaktkinder zugewiesen(21):	70%
Ich konnte teilweise wählen und manchmal nicht(2):	6,66 %

Wie wirkt sich die zeitige Zuweisung Ihrer Meinung nach auf den Beziehungsaspekt zwischen Fachkraft und Heimbewohner aus?

Man hat nicht genügend Zeit die Kinder kennenzulernen und konnte keine Beziehung auf der Vertrauen basiert aufbauen. Somit wird die Zusammenarbeit zwischen Fachkraft und Klient anfänglich erschwert. 80%

Ein Beziehungsaufbau ist selten möglich, da sich Klient und Fachkraft in eine Sache gedrängt fühlen und beiden Parteien ein gezwungenes Zusammenarbeiten nicht erwünscht ist.
6%

Enthaltende Stimmen 14%

Sind sie der Meinung, dass ein ständiger Personalwechsel Einfluss auf die Zielerreichung sowie Aufgabenerfüllung der Heimerziehung nach §34 KJHG hat?

ja(27):	90%
nein(3):	10%

Wenn ja, inwieweit könnte sich dies äußern?

1. trifft voll zu   2. trifft zu
3. trifft teilweise zu   4. trifft nicht zu

D)	1	2	3	4
- durch den ständigen Beziehungsabbruch kann die emotionale Entlastung der Kinder nicht stattfinden	23%	50%	27%	0%
- Beziehungsängste werden verstärkt	17%	47%	33%	3%
- Vertrauen wird nicht mehr aufgebaut/ Verstärkung des Misstrauens	7%	33%	57%	3%
- da der Beziehungsaufbau Grundlage für professionelles Handeln ist, kann die Fachkraft die Entwicklung der Klienten nur bedingt steuern und zum Positiven verändern	10%	47%	40%	3%
- die Vorbereitung auf ein selbstständiges Leben in der Gesellschaft ist nicht mehr gewährleistet, da sich Kinder und Jugendliche distanzieren und mit Rückzug reagieren, d.h. Rückzug von der Gesellschaft	3%	10%	20%	67%

Inwieweit haben folgende Begrifflichkeiten Einfluss auf Ihre Leistungsmotivation?

1. stark leistungsmotiviert   2. teilweise leistungsmotiviert
3. kaum leistungsmotiviert   3. nicht motiviert Leistung zu erbringen

E)	1	2	3	4
- Gehalt	37%	43%	20%	0%
- gute Zusammenarbeit mit Kollegen	83%	17%	0%	0%
- Beitrag leisten für Andere (Klienten)	53%	40%	7%	0%
- ständiger Wechsel der Mitarbeiter	0%	10%	47%	43%
- ständig neue Richtlinien, nach denen man arbeiten muss	0%	20%	33%	47%
- Arbeitszeit (Schichtdienst)	0%	23,33¯%	33,33¯%	43,33¯%
- befristete Arbeitsverträge	3%	30%	17%	50%

Wenn Sie etwas zu jetzigen Zeitpunkt ändern könnten, was wäre das?

- ausreichend qualifiziertes Personal   - kein Personalwechsel
- fester Personalstamm   - mehr Personal
- mehr Zeit für die Kinder   - kleinere Kinder- und Jugendgruppen
- für jede Gruppe drei Fachkräfte und zwei flexibel einsetzbare Kräfte
- mehr finanzielle Entlastung   - keine befristeten Arbeitsverträge
- mehr Mitarbeiterpflege

Literaturverzeichnis

Bücher

Auhagen, A.E. & von Salisch, M. (Hrsg.) (1993). Zwischenmenschliche Beziehungen.
Göttingen: Hogrefe Verlag für Psychologie

Blandow, J., Ginkel, U. & Hansbauer, P. (1999). Partizipation als Qualitätsmerkmal in der
Heimerziehung. Eine Diskussionsgrundlage. Münster: Votum Verlag

Blum, A. & Zaugg, R.J. (1999).Praxishandbuch. Arbeitszeitmanagement. Beschäftigung
durch innovative Arbeitszeitmodelle. Zürich: Rüegger Verlag

Bowlby, J. (2001^4). Frühe Bindung und kindliche Entwicklung.
München: Ernst Reinhardt Verlag

Durrant, M. (1996). Auf die Stärken kannst du bauen. Lösungsorientierte Arbeit in Heimen
und anderen stationären Settings. Dortmund: Verlag Modernes Lernen

Ebeling, R. (Hrsg.) (2003^2). Evaluationsforschung in der Jugendhilfe. Die Einbeziehung der
Klientenperspektive als zentrale Ressource zur Weiterentwicklung des
Qualitätsmanagements – die Meinung der Kunden zählt.
Stuttgart: Ibidem Verlag

Ebeling, R. (Hrsg.) (2004^6).Kundenorientierte Qualitätsentwicklung in der Heimerziehung.
Qualität und Qualitätssicherung in der sozialen Arbeit.
Stuttgart: Ibidem Verlag

Falterbaum, J. (2007^2). Rechtliche Grundlagen Sozialer Arbeit. Eine praxisorientierte
Einführung. Stuttgart: Kohlhammer

Freigang, W. (1986). Verlegen und Abschieben. Zur Erziehungspraxis im Heim.
Weinheim und München: Juventa Verlag

Freigang, W. & Wolf, K. (2001). Heimerziehungsprofile. Sozialpädagogische Portraits. Weinheim und Basel: Beltz Verlag

Frielingsdorf, K. (1999). Aggression stiftet Beziehung. Wie aus destruktiven Kräften lebensfördernde werden können. Mainz: Matthias-Grünewald-Verlag.

Gabriel, T. & Winkler, M. (Hrsg.) (2003). Heimerziehung. Kontexte und Perspektiven. München und Basel: Ernst Reinhardt Verlag

Gehres, W. (1997).Das zweite Zuhause. Institutionelle Einflüsse, Lebensgeschichte und Persönlichkeitsentwicklung von dreißig ehemaligen Heimkindern. Berlin: VS Verlag für Sozialwesen.

Grzesik, J. (1998).Was kann uns soll Erziehung bewirken? Möglichkeiten und Grenzen der erzieherischen Beeinflussung. Münster: Waxmann Verlag

Günder, R.(2000²).Praxis und Methoden der Heimerziehung. Entwicklungen, Veränderungen und Perspektiven der stationären Erziehungshilfe. Freiburg im Breisgau: Lambertus Verlag

Günder, R. (2007³). Praxis und Methoden der Heimerziehung. Entwicklungen, Veränderungen und Perspektiven der stationären Erziehungshilfe. Freiburg im Breisgau: Lambertus Verlag

Günder, R. (2000). Erziehungshilfen. Wissenswertes für Eltern. Freiburg im Breisgau: Lambertus Verlag

Günder, R. (1989).Aufgabenfelder der Heimerziehung. Planmäßige Entwicklungsförderung Elternarbeit. Frankfurt (Main): Eigenverlag des Deutschen Vereins für öffentliche und private Fürsorge

Günther, R. & Bergler, M. (1992). Arbeitsplatz stationärer Jugendhilfe. Ergebnisse einer vergleichenden Berufsfeldanalyse und Maßnahmenvorschläge für Mitarbeiterinnen im Gruppendienst. Frankfurt am Main: IGfH- Eigenverlag

Hebborn- Brass, U. (1991). Verhaltensgestörte Kinder im Heim. Eine empirische Längsschnittuntersuchung zu Indikation und Erfolg. Freiburg im Breisgau: Lambertus Verlag

Herriger, N. & Kähler, H. D. (2003). Erfolg in der Sozialen Arbeit. Gelingendes berufliches Handeln im Spiegel der Praxis. Bonn: socialnet Verlag

Hofer, M., Wild, E. & Noack, P. (2002).Lehrbuch Familienbeziehungen. Eltern und Kinder in der Entwicklung. Göttingen: Hogrefe Verlag für Psychologie

Hofmann, H.G. (1999). Eingruppierung von Sozialarbeitern und Erziehern: Tätigkeitsmerkmale, Bewertungsbeispiele, Rechtssprechung. Berlin: Luchterland Verlag

Hofmann, E. (2006). Wege zur beruflichen Zufriedenheit. Die richtigen Entscheidungen treffen. Bern: Hans Huber Verlag

Holmes, J. (Hrsg.) (2002). John Bowlby und die Bindungstheorie. Basel und München: Reinhardt Verlag

Junge, H. (1989).Heimerziehung im Jugendhilfeverbund: Konzepte und Konsequenzen. Freiburg: Lambertus – Verlag

Kindschuh van Roje, E. (1987).Der Erzieher im Heim: Umgang mit Aggressionen. Frankfurt (Main):Deutscher Studien Verlag

Marr, R. (Hrsg.) (1996). Absentismus. Göttingen: Verlag für Angewandte Psychologie

Müller, J. (2006). Sozialpädagogische Fachkräfte in der Heimerziehung- Job oder Profession? Eine qualitativ-empirische Studie zum Professionswissen. Bad Heilbrunn: Julius Klinkhardt Verlag

Oerter, R. & Montada, L. (Hrsg.) (2002^5).Entwicklungspsychologie. Berlin, Weinheim und Basel: Beltz Verlag

Post, W. (2002²) Erziehung im Heim. Perspektiven der Heimerziehung im System der Jugendhilfe. Weinheim und München: Juventa Verlag

Rheinberg, F. (2004^5). Motivation. Stuttgart: Kohlhammer Verlag

Schoch, J. (1989).Heimerziehung als Durchgangsberuf? Eine theoretische und empirische Studie zur Personalfluktuation in der Heimerziehung. Weinheim, München: Juventa Verlag

Schleiffer, R. (2007^3). Der heimliche Wunsch nach Nähe. Bindungstheorie und Heimerziehung. Weinheim und München: Juventa Verlag

Simmen, R. (1998).Heimerziehung im Aufbruch. Alternativen zu Bürokratie und Spezialisierung im Heim. Stuttgart: Haupt

von Rosenstil, L., Molt, W. & Rüttinger, B. (1995). Organisationspsychologie. Stuttgart: Kohlhammer Verlag

von Rosenstiel, L. (2003^5). Grundlagen der Organisationspsychologie – Basiswissen und Anwendungshinweise. Stuttgart: Schäffer-Poeschel Verlag

von Rosenstil, L. & Molt, W. & Rüttinger, B. (2005^9). Organisationspsychologie. Stuttgart: Kohlhammer Verlag

Witterstätter, K. (2002).Soziale Beziehungen. Gesellschaftswissenschaftliche Grundlagen für die Soziale Arbeit. Neuwied; Kriftel: Luchterhand

Nachschlagewerke

Beck-Texte. (2007). Arbeitsgesetze. Arbeitszeitgesetz, Teilzeit- und Befristungsgesetz, Tarifvertragsgesetz, Heimarbeitsgesetz und andere Gesetze. München: Deutscher Taschenbuchverlag

Kirchhoff, S., Kuhnt, S., Lipp, P. & Schlawin, S. (2003).Der Fragebogen. Datenbasis, Konstruktion und Auswertung. Wiesbaden: VS Verlag für Sozialwissenschaften

Klaudius, S. (2002^5). im Fachlexikon der sozialen Arbeit. Frankfurt am Main. Eigenverlag

Merchel, J. (2002^5). im Fachlexikon der sozialen Arbeit. Frankfurt am Main. Eigenverlag

Stascheit, U. (Hrsg.) (2005).Gesetze für Sozialberufe. Die Gesetzessammlung für Studium und Praxis. Baden Baden: Fachhochschulverlag

von der Haar, E. (1996).Das Berufspraktikum in der sozialen Arbeit. Ergebnisse einer Befragung von BerufsparktikanInnen. Berlin: Luchterland

Skript einer Vorlesung

Kern, K. (2006). Vorlesungsskript zu der Veranstaltung „Soziale Diagnostik" an der Berufsakademie Heidenheim: Fachbereich Sozialwesen

Reflexionsbericht

Bernkurth, M. (2006). Reflexionsbericht. Beziehungsaufbau. Grundlage für die zu leistende Hilfe innerhalb der Heimerziehung. Berufsakademie Heidenheim: Fachbereich Sozialwesen

Zeitschriften

Professor Dr. med. Roland Schleiffer (Hrsg.) (2003).Zum Nutzen der Bindungsforschung für die Heimerziehung. *Pädagogischer Rundbrief,* 3, 2 – 10.

Rose, B. (1996). Widersprüche. Qualität muss unterschieden werden. Anmerkungen zur derzeitigen Qualitätsdebatte aus Sicht der Jugendhilfe. *Zeitschrift für sozialistische Politik im Bildungs- Gesundheits- und Sozialbereich.* ,61, o.A.

Internetquellen

Becker.Textor,I. & Textor,M. (1990 -2005). SGB VIII Online-Handbuch
Verfügbar unter: http:// www.sgbviii.de/S113.html [08.07.2007]

Bundesministerium für Familie, Senioren, Frauen und Jugend/ BMFSFJ (Hrsg.). (2002). Elfter Kinder- und Jugendbericht. Bericht über die Lebenssituation junger Menschen und die Leistungen der Kinder- und Jugendhilfe in Deutschland. Verfügbar unter:http://www.bmfsfj.de/RedaktionBMFSFJ/Abteilung5/Pdf-Anlagen/PRM2354611KinderundJugendbericht,property=pdf,bereich=,rwb=tr u [08.05.2007]

Gragert, N., Pluto, L. & van Santen, E. & Seckinger, M. (2004).Entwicklungen (teil)stationärer Hilfen zur Erziehung. Ergebnisse und Analysen der Einrichtungsbefragung 2004. Projekt Jugendhilfe und sozialer Wandel-Leistungen und Strukturen.
Verfügbar unter: http://www.dji.de/bibs/64_4528.pdf [07.05.2007]

Lindenmeyer, H. (2003).Ergebnisse pädagogischen Handelns. Was können wir wissen- Was müssen wir messen- Was dürfen wir hoffen? Zwei Darstellungen pädagogischen Handelns.
Verfügbar unter:
http://www.kek.ch/cgibin/Referat%20Brunnen%2013.11.03.pdf [15.03.2007]

Coverbild: pixabay.com